DOMENICO GENTILE

liebt seit jeher die italienische Küche. Als Sohn eines kalabrischen Landwirts verbrachte er als Kind die Sommer in Süditalien. Dort schaute er am liebsten seiner Tante Caterina beim Kochen über die Schulter. Da seine Familie Landwirtschaft betreibt, war er schon in jungen Jahren bei der Olivenernte dabei und half, Sugo einzukochen. Diese Erfahrungen prägten ihn sehr. 2014 rief er den Blog „Cooking Italy" ins Leben. Als größter italienischer Foodblog Deutschlands zählt er monatlich 250.000 Aufrufe. Er ist zudem als Foodscout tätig und fungiert als Bindeglied zwischen den Kulturen. Sein erstes Buch „Casalinga" war das meistverkaufte italienische Kochbuch 2021.

Nach „Cucina della nonna" und „Pizza napoletana" ist „Cucina vegetariana tradizionale" sein drittes Kochbuch, das beim Becker Joest Volk Verlag erschienen ist.

DOMENICO GENTILE

LA CUCINA VEGETARIANA

TRADIZIONALE

FOOD-FOTOGRAFIE HUBERTUS SCHÜLER

Pasta allo scarpariello

Panzanella toscana e pesto alla genovese

Raviolo con sorpresa

La frittedda

Fior di carote e zucchine

Tiella di Gaeta

Risotto al pomodoro con stracciatella

Gnocchi in salsa di spinaci e gorgonzola

Crostata di castagne e cioccolato

REZEPTE

Domenico und Christine Kluge in Turin

ITALIA IN VERDE

DIE TRADITIONELLE VEGETARISCHE KÜCHE

Unsere Kindheit prägt uns für ein ganzes Leben. Im Guten wie im Schlechten. Egal, welchen Bereich unseres späteren Selbst wir betrachten: Zumeist liegen die Wurzeln unseres Empfindens und Handelns in unseren jüngsten Jahren verborgen. So ist es auch mit der Ernährung.

Ich möchte dir eine kleine Geschichte erzählen. Eine Geschichte von meinen Wurzeln und wie sie meine Einstellung zum Essen verändert haben. Fangen wir an:

Mein Vater ist als jüngster Sohn einer Großfamilie in einem kleinen Dorf in Kalabrien gegen Ende des Zweiten Weltkriegs zur Welt gekommen. Das Leben in Süditalien und zu dieser Zeit war karg und entbehrungsreich. Mit zwölf Jahren verließ er die Schule, um seinem Vater und dem älteren Bruder auf dem Feld zu helfen und seinen Teil dazu beizutragen, die Familie zu ernähren. Damit war er kein Einzelfall, sondern einfach ein Kind seiner Zeit.

Bohnen, Kichererbsen, Paprika, Zucchini, Tomaten und andere Gemüsesorten vom eigenen Feld oder aus dem eigenen Garten bildeten die Basis der damaligen Ernährung: nach der Ernte frisch verwendet oder in Gläsern eingemacht. Fleisch dagegen wurde nur selten aufgetischt. War diese Ernährungsweise damals vornehmlich der Armut geschuldet, gilt sie heute aus gesundheitlicher Sichtweise hingegen als vorbildlich. Und nicht zuletzt entstanden so einige der wundervollsten Klassiker der traditionellen italienischen vegetarischen Küche, an denen wir uns auch heute noch erfreuen.

Die Geschichte meines Vaters geht selbstverständlich noch weiter: Zusammen mit anderen jungen Männern aus den umliegenden Dörfern ließ er sich, damals knapp 20 Jahre alt, anwerben, um in Deutschland sein Glück zu finden. Dort war man dringend auf ausländische Arbeitskräfte angewiesen. Zunächst arbeitete er bei Hoechst in Frankfurt und wechselte später zu BASF nach Ludwigshafen, wo er schließlich 40 Jahre lang im Schichtdienst Plastikgranulat herstellte. Sein Leben war immer noch hart und von Arbeit bestimmt, aber nun bekam er immerhin

eine gerechte Entlohnung für seine Mühen. Dennoch hat er – und hier sind wir wieder bei den prägenden Kindheitsereignissen – auch während seiner vielen Jahre in Deutschland nie vergessen, wie es war, in Armut aufzuwachsen. Den Verzicht, den er in seinen jungen Jahren erleben musste, kompensierte er nun, indem er eine regelrechte Hamsterei nach Wurst und Fleischprodukten entwickelte.

Ich erinnere mich ganz genau, dass es bei uns zu Hause immer Wurst und Fleisch im Überfluss gab. Es waren aber vor allem industriell hergestellte Wurstwaren. Sie waren scheinbar noch besser, wenn er sie günstiger kaufen konnte, also kurz vor Ablauf der Mindesthaltbarkeit. Nicht etwa, weil er es sich sonst nicht hätte leisten können, vielmehr, weil es eben günstig und das Sparen bis zum Schluss ein großes Thema für ihn war.

Für mich war es also immer normal, täglich Fleisch und Wurst zu essen, und lange habe ich mir darüber überhaupt keine Gedanken gemacht. In den vergangenen zehn Jahren fand bei mir aber allmählich ein Umdenken statt und die fleischfreie und vegetarische Ernährung wurde ein immer größeres Thema. Neben dem gesundheitlichen Aspekt trieben mich vor allem auch ethische Fragen an. Wo kommen unsere Lebensmittel her und wenn wir über Tiere sprechen, wieso unterscheiden wir, ob Huhn, Hund, Katze oder Kuh? Gibt es ein besseres und ein schlechteres Tier? Darf eines besser als das andere behandelt werden?

Die Welt ist im Wandel. Wir werden immer nachdenklicher, gehen bedachter mit unserer Umwelt und allem, was dazugehört, um. Die Ernährung spielt dabei eine der wichtigsten Rollen.

Ich muss zugeben, dass ich auch jetzt noch hier und da Fleisch esse. So ehrlich muss ich sein, auch wenn ich ein vegetarisches Kochbuch schreibe. Ich esse aber viel weniger und bewusster als noch vor ein paar Jahren. Wurst zum Beispiel esse ich gar nicht mehr. Ich möchte dabei keinem Trend folgen, sondern habe mich für all das aus freien Stücken entschieden. Gerade die italienische Küche ist für eine fleischlose Ernährung hervorragend

geeignet, bei der man auf nichts verzichten muss. Vor allem nicht auf Geschmack! Sie ist reich an Rezepten, die schon immer vegetarisch waren, nur dass man sich darüber niemals Gedanken gemacht hat. Gerichte, die uns bei vielen Restaurantbesuchen glücklich gemacht haben, ohne dass uns der vegetarische Aspekt überhaupt bewusst war.

Wenn du meine Bücher kennst, weißt du sicher, dass ich mich mit der traditionellen italienischen Küche befasse. Du wirst also eher keine Tofu-Bolognese in diesem Buch finden. Aber das Land verwöhnt uns so reichhaltig mit natürlichen Produkten, dass du Ersatzprodukte nicht vermissen wirst. Egal, ob sonnengereifte Tomaten, wilder Spargel, Zucchini, Honigmelonen, Auberginen, Paprika oder rote Zwiebeln im Sommer oder Wein, Olivenöl und Zitrusfrüchte in Herbst und Winter – Italien bietet all das in Hülle und Fülle. Kalabrien, die Region, in der mein Vater aufgewachsen ist, gehört zwar auch heute noch zu den ärmeren Gegenden des Landes, dennoch fehlt es in fast keinem Haushalt an gesunden Lebensmitteln. Der Kalabrese sowie viele andere Süditaliener sind überwiegend Selbstversorger. Hier ist außerdem Peperoncino-Land und so ist es kein Wunder, dass viele eingelegte Antipasti auch über eine gewisse Schärfe verfügen. Doch nicht nur Kalabrien und Süditalien haben unzählige Schätze der vegetarischen Küche zu bieten. In ganz Italien gibt es besondere Spezialitäten – und die möchte ich dir in diesem Buch gern näherbringen.

EIN KLEINER HINWEIS: Ich selbst backe nur mit Ober-/Unterhitze und empfehle das auch. Selbstverständlich können alle Backofenrezepte auch mit Umluft gebacken werden, dann sollte die Temperatur 10–20 °C niedriger sein.

Zu **KÄSE** und vegetarischer Ernährung gibt es auf Seite 55 einen Hinweis.

MEINE KULINARISCHE REISE

DURCH ITALIEN

„Hotel Ladurner"
Südtirol

Auch für mein mittlerweile fünftes Kochbuch bin ich wieder durch mein geliebtes Italien gereist, um die besonderen kulinarischen Schätze der verschiedenen Regionen mit dir zu teilen.

Zusammen mit meiner Frau Alexandra bin ich in Mannheim gestartet und über Österreich ins wunderschöne Südtirol gefahren. Unsere erste Station war das „Hotel Ladurner" der Familie Oberprantacher. Traumhaft gelegen an einer Bergflanke, erwartete uns ein beeindruckender Ausblick über Meran.

Inhaber und Küchenchef Roland lud mich in seine Küche ein und bereitete ganz besondere Gnocchi für uns zu. Dieses Rezept durfte in diesem Buch auf keinen Fall fehlen.

Von dort ging es einen Tag später in die Emilia-Romagna. Bei einem Spaziergang über die Piazza in Modena genossen wir ein Dolce und einen Espresso, um dann noch einen Abstecher in die Altstadt von Bologna für einen Aperitivo zu unternehmen. Übernachtet haben wir im „Casa Maranello" bei Alessandro Marino und seiner Frau Monica. Alessandro habe ich vor ein paar Jahren in Modena kennengelernt, wo er als Küchenchef für ein anderes Restaurant tätig war. Abends haben wir ihm in seiner Küche über die Schulter geschaut. Es gab ein wunderbares 4-Gänge-Menü und natürlich ein weiteres Rezept für dich.

Am nächsten Morgen fuhren wir über Mailand ins Piemont zu unserer lieben Freundin Christine und ihrem wunderbaren Freund Gianni. Nach einem gemütlichen Abendessen in Alba verbrachten wir die Nacht bei Maria Pia und Fausto im Casa in Barolo.

Der vierte Tag führte uns ins wunderschöne Turin. Nach einem einfachen Mittagessen und einem Bicerin, einer Turiner Spezialität aus Espresso, Kakao und Milch, in der dortigen „MARTINI Bar" haben wir die Riseria Principato del Lucedio in Vercelli besucht. Dort erklärte uns der Chef, Signor Paolo Salvadori di Wiesenhoff, alles Wissenswerte über den Reisanbau im Piemont.

Auf dem Weg in die Toskana machten wir am nächsten Tag zunächst einen Abstecher

Meran

Maranello – Alessandro Marino und seine Frau

Turin

nach Ligurien, um der Markthalle von Genua, die vor Köstlichkeiten nur so strotzte, einen Besuch abzustatten.

Ligurien ist die Heimat des Basilikums. Auf der ganzen Welt bekannt und geschätzt ist das Pesto genovese. Genua ist definitiv auch so schon eine Reise wert, aber wer schon mal dort ist, sollte sich die frischen Trofie al pesto genovese, gerollte ligurische Hartweizennudeln mit Basilikumpesto, definitiv nicht entgehen lassen.

In der Toskana zieht es uns immer in die Maremma, den südlichen Teil dieser Region, wo unser Freund Luigi Sabatini mit seiner Familie seit vielen Jahren Olivenöl herstellt. Mittlerweile sogar ausschließlich mithilfe der eigenen Energieversorgung. In dessen Umgebung besuchten wir auch einen großen Biobauernhof, wo man sich auf den Anbau von Gemüse spezialisiert hat. Dort durften wir Mario Zenobi bei seiner Arbeit über die Schultern schauen. Neben Auberginen, Paprika, Tomaten, Zwiebeln, Zucchini, Kürbis und verschiedenen Früchten sind Okraschoten seine große Leidenschaft, die ich bis dahin noch nie in Italien gesehen hatte.

Nun ging es für uns weiter in den Osten Italiens. Zunächst einmal aber übernachteten wir eine Nacht in Rom. Dort haben wir nicht etwa nach dem besonderen Spargel oder den berühmten Artischocken gesucht, sondern wir waren zu Gast bei der alljährlichen Wahl der Top-50-Pizzen Italiens. Diese werden im Rahmen einer imposanten Veranstaltung gekürt. Nach einer besonderen Gala und einem tollen Abendessen sind wir am

Matera

Cetara an der Amalfiküste

nächsten Tag nach Matera, der europäischen Kulturhauptstadt von 2019, in der Basilicata gereist. Die dortigen Sassi, einzigartige historische Felsenwohnungen, sind immer einen Besuch wert und auch nachdem ich sicher ein dutzend Mal dort war, bin ich immer wieder von diesem magischen Ort begeistert.

Von dort reisten wir nach Kalabrien, der Heimatregion meiner Familie. Normalerweise verbringen wir hier unsere Tage in Crotone, der Heimat Pythagoras'. Für dieses Buch haben wir uns allerdings auf die Suche nach der roten Zwiebel von Tropea gemacht. Nachdem wir diese Spezialität gefunden hatten, fuhren wir weiter nach Catanzaro, um mit der Fähre nach Sizilien überzusetzen.

In Sizilien waren es die besonderen Zitronen und die Altstadt von Catania, die uns am besten gefallen haben. Dazu kamen zwei Tage Auszeit mit Sonne, Meer, viel Pasta und noch mehr Arancini.

Nachdem wir unseren Kurzurlaub ausgiebig genossen haben, ging es für uns weiter zur letzten Etappe: Für drei Tage besuchten wir Kampanien. Neapel und die berühmte Pizza napoletana durften selbstverständlich nicht in unserem Reiseprogramm fehlen. Auch ganz wunderbare Dolci durften wir wieder genießen. An der Amalfi-Küste besuchten wir das bildschöne Amalfi selbst und das kleine, aber ebenso pittoreske Fischerdorf Cetara. Wer dort ist, muss das Sorbetto al limone probieren. Die weltbekannten Amalfi-Zitronen geben diesem Sorbet einen unvergleichlichen Geschmack!

Zum Abschluss unserer Reise besuchten wir das kleine Städtchen Vallo della Lucania sowie das nicht weit davon entfernte Salerno. Beeindruckend war der Besuch im wunderschönen Geschäft „Storia di Pane" von Paolo de Simone, einem wahren Meister seines Fachs. Wer denkt, man bekomme hier nur Brot, der irrt gewaltig. Die frittierte Pizza, die Paolo uns dort servierte, war so gut, dass auch sie einen Platz in diesem Buch gefunden hat.

Viel Freude beim Nachkochen!

Fausto Porcu – Piemont

Alessandra und Domenico in Crotone auf dem Markt

Modena

Alessandra, Domenico, Juanito (Domenicos ältester Sohn), Francesca Liuzzo und Ettore Bonanno

MINESTRE, INSALATE E ANTIPASTI

SUPPEN, SALATE UND ANTIPASTI

Keine kalten Tage ohne eine wärmende Suppe aus Hülsenfrüchten oder Maronen beziehungsweise die vielleicht wichtigste Gemüsesuppe Italiens, die Minestrone.
Italiens Suppen sind weltweit bekannt und beliebt. Kein Wunder, wird doch ausschließlich frisches Gemüse dafür verwendet, ohne die Zugabe von Zusatzstoffen oder Sahne. Im Frühjahr und Sommer freuen wir uns über frische Salate und gegrilltes Gemüse. Der Hauptdarsteller auf vielen italienischen Buffets und die Vorspeise überhaupt ist und bleibt allerdings die Antipasti-Platte. Spezialitäten variieren dabei von Region zu Region.

MOZZARELLA RIPIENA
GEFÜLLTER MOZZARELLA

ZUBEREITUNGSZEIT
10 Minuten (ohne Croûtons)

FÜR 2 PERSONEN
100 g bunte Kirschtomaten
1 kleine rote Zwiebel
ca. 20 Basilikumblätter
3 EL Olivenöl extra vergine
30 g Kapern aus dem Glas (nach Belieben), abgetropft
Salz
schwarzer Pfeffer aus der Mühle
50 g Croûtons (siehe unten; alternativ Fertigprodukt)
2 Kugeln Büffelmozzarella (à 250 g; siehe Tipp)

frei von raffiniertem Zucker

ZUBEREITUNG Für die Füllung die **Kirschtomaten** waschen und zuerst vierteln, dann die Viertel halbieren, um kleine Würfel zu erhalten. Die **Zwiebel** schälen und in dünne Scheiben schneiden. Das **Basilikum** abbrausen, trocken tupfen, etwa sechs Blätter beiseitelegen, die übrigen zerzupfen. • Tomaten, Zwiebeln und zerzupftes Basilikum in eine Schüssel geben, mit 2 EL **Olivenöl** beträufeln, nach Belieben die **Kapern** hinzufügen, mit **Salz** und **Pfeffer** würzen und gut mischen. Die **Croûtons** unterheben. • Die **Mozzarella-Kugeln** abtropfen lassen und im oberen Drittel ansetzend je eine Kappe abschneiden. Die unteren Teile jeweils auf einen Teller setzen, in die weichen Mitten etwas von der Füllung geben, die Mozzarella-Kappen auflegen und mit einem kleinen Holzspieß feststecken (oder die Kappen danebenlegen). Die restliche Füllung rundum anrichten. • Mit dem übrigen **Olivenöl** beträufeln und mit dem beiseitegelegten Basilikum garnieren.

TIPPS Mozzarella in der angegebenen Größe gibt es nur im Käseladen, im Großmarkt oder Internethandel. Alternativ vier Kugeln Mozzarella à 125 g verwenden. Wer mag, kann auf die Teller vorher etwas Basilikumpesto (siehe Seite 21) streichen. Das sieht dekorativ aus und gibt einen besonderen Geschmack.

CROSTINI
CROÛTONS

ZUBEREITUNGSZEIT
3 Minuten plus
10 Minuten Backzeit

ERGIBT CA. 50 G CROÛTONS
1 sehr dicke Scheibe altbackenes Kastenweißbrot oder 2–3 Scheiben Toastbrot

vegan, laktosefrei, frei von raffiniertem Zucker

ZUBEREITUNG Den Backofen auf 180 °C Ober-/Unterhitze vorheizen. • Für die Croûtons die Kruste vom **Brot** entfernen, in 1 cm kleine Würfel schneiden, auf einem mit Backpapier ausgelegten Backblech verteilen und im vorgeheizten Backofen 10 Minuten backen. Aus dem Ofen nehmen und abkühlen lassen.

TIPPS Die Croûtons passen auch sehr gut zur Maronen-Cremesuppe (siehe Seite 38). Am besten gleich die doppelte Menge davon backen.

LA FRITTEDDA

ARTISCHOCKENSUPPE MIT BOHNEN UND ERBSEN AUF BROT

ZUBEREITUNGSZEIT
25 Minuten plus
ca. 20 Minuten Garzeit

FÜR 4 PERSONEN

Für die Suppe

Saft von ½ Zitrone
4 Artischocken (à 100 g)
2 Frühlingszwiebeln
200 g grüne Bohnen
2 EL Olivenöl extra vergine plus etwas zum Beträufeln
200 g TK-Erbsen
1 EL Weißweinessig
1 TL Zucker
Salz
schwarzer Pfeffer aus der Mühle
etwas gehackte Minze

Für das Brot

1–2 EL Olivenöl extra vergine
4 Scheiben altbackenes Weißbrot

vegan, laktosefrei

ZUBEREITUNG Für die Suppe eine Schüssel halb mit Wasser füllen und den **Zitronensaft** hineingeben. • Bis auf 1–2 cm den Stiel von den **Artischocken** abschneiden. Die harten Außenblätter entfernen, bis nur noch die inneren zarten Blätter übrig bleiben. Mit einem scharfen Messer (oder einer Küchenschere) die Blattspitzen gerade abschneiden und das „Heu" mit den inneren Stacheln entfernen. Die Artischockenböden in Scheiben schneiden und direkt in das Zitronenwasser geben, damit sie sich nicht verfärben. • Die **Frühlingszwiebeln** putzen, waschen, die harten grünen Teile entfernen und in dünne Scheiben schneiden. Die **Bohnen** putzen, waschen und abtropfen lassen. Das **Olivenöl** in einen Topf geben, Frühlingszwiebeln hinzufügen und anschwitzen, ohne zu bräunen. • Die Artischocken abgießen, abtropfen lassen, in den Topf geben und 2 Minuten mitbraten. Dann Bohnen und **Erbsen** hinzufügen und ebenfalls kurz mit anbraten. Mit etwa 100 ml Wasser ablöschen, **Essig** und **Zucker** einrühren, den Deckel auflegen und etwa 20 Minuten bei niedriger Hitze köcheln lassen, dabei hin und wieder umrühren und bei Bedarf löffelweise Wasser dazugeben. • Inzwischen für das Brot das **Olivenöl** in einer Pfanne auf mittlerer Stufe erhitzen und die **Brote** darin von beiden Seiten goldgelb rösten. • Die Suppe mit **Salz** und **Pfeffer** abschmecken, die Brote in tiefe Teller legen, die Suppe darübergeben, mit etwas **Olivenöl** beträufeln und mit **Minze** garnieren.

INSALATA DI FINOCCHI E ARANCE ALLA SICILIANA

FENCHEL-ORANGEN-SALAT AUF SIZILIANISCHE ART

ZUBEREITUNGSZEIT
20–25 Minuten

FÜR 6 PERSONEN
2 Orangen
20 g Rosinen
50 g Pinienkerne
einige Tropfen heller Essig (z. B. Apfelessig)
3–4 Fenchelknollen (insgesamt 840 g)
5 EL Olivenöl extra vergine
2 EL milder weißer Balsamico-Essig (idealerweise Condimento bianco)
Salz

vegan, laktosefrei, glutenfrei, frei von raffiniertem Zucker

ZUBEREITUNG Eine **Orange** auspressen und den Saft in eine Schale gießen. Die **Rosinen** hineingeben und bis zur Verwendung einweichen. • Inzwischen die **Pinienkerne** in einer Pfanne ohne Fett goldbraun rösten und beiseitestellen. • Die zweite **Orange** schälen, dabei auch die weiße Haut entfernen (am besten über einem tiefen Teller arbeiten, um den Saft aufzufangen). Die Frucht quer in sehr dünne Scheiben schneiden, in den Teller geben und beiseitestellen. • Eine Schüssel mit kaltem Wasser füllen, einige Tropfen **Essig** hinzugeben. Die **Fenchelknollen** putzen, dabei grobe Außenseite, Strunk, Stiele und Blätter entfernen. Dann waschen und trocken tupfen und in sehr feine Scheiben schneiden oder hobeln, am besten mit einer Mandoline. Sobald gehobelt wurde, die dünnen Fenchelscheiben in die Schüssel mit dem Essigwasser geben, damit der Fenchel seine helle Farbe behält. • Die Rosinen aus dem Saft nehmen und beiseitestellen. Orangensaft, **Olivenöl, Balsamico-Essig** und etwas **Salz** in einen hohen Mixbecher geben und mit dem Stabmixer kurz aufmixen. (Alternativ mit einem Schneebesen kurz zu einer Emulsion aufschlagen.) • Die Fenchelscheiben in ein Sieb abgießen und abtropfen lassen. Dann in eine Schüssel geben, mit dem Dressing beträufeln, Rosinen und Pinienkerne darüberstreuen, die Orangenscheiben mit dem ausgetretenen Saft hinzugeben und vermengen.

TIPP Auch andere geröstete Kerne passen hervorragend, vor allem Kürbiskerne.

PANZANELLA TOSCANA
TOSKANISCHER BROTSALAT

ZUBEREITUNGSZEIT
20 Minuten

FÜR 4 PERSONEN
250 g altbackenes Weißbrot
ca. 3 EL Weißweinessig
2 Salatgurken
300 g Kirschtomaten
1 rote Zwiebel
12–15 Basilikumblätter
2–3 EL Olivenöl extra vergine
Salz
schwarzer Pfeffer aus der Mühle

vegan, laktosefrei, frei von raffiniertem Zucker

ZUBEREITUNG Das **Brot** grob in Würfel schneiden und in eine Schüssel geben. Den **Essig** mit 150 ml Wasser mischen, über die Brotwürfel gießen und 15 Minuten einweichen. • In der Zwischenzeit die **Gurken** schälen, längs halbieren, die Kerne mit einem Teelöffel entfernen und würfeln. Die **Kirschtomaten** waschen und halbieren. Die **Zwiebel** schälen und in dünne Streifen schneiden. Die **Basilikumblätter** abbrausen und trocken tupfen. Alles in eine Schüssel geben und vermischen. • Das Brot gut ausdrücken, in die Schüssel zu den anderen Zutaten geben und kurz vermischen. Mit dem **Olivenöl** beträufeln, nach Geschmack **salzen** und **pfeffern** und vermengen. Den Brotsalat einige Minuten ziehen lassen und servieren.

TIPP Wer möchte, toppt den Salat mit etwas selbst gemachtem Basilikumpesto (siehe unten).

PESTO ALLA GENOVESE
BASILIKUMPESTO

ZUBEREITUNGSZEIT
20 Minuten

ERGIBT 4–6 PORTIONEN
50 g Pinienkerne
2 Knoblauchzehen
80 g Basilikum
50 g Parmesan
grobes Meersalz
120 ml Olivenöl extra vergine plus etwas zum Bedecken

laktosefrei, glutenfrei, frei von raffiniertem Zucker

ZUBEREITUNG Die **Pinienkerne** in einer Pfanne ohne Fett goldbraun rösten und abkühlen lassen. • Inzwischen die **Knoblauchzehen** schälen und grob hacken. Das **Basilikum** waschen, trocken schütteln und die Blätter abzupfen. Den **Parmesan** grob reiben. • Pinienkerne und Knoblauch in einen großen Mörser geben und zerstoßen. Die Hälfte der Basilikumblätter hinzugeben, etwas **Meersalz** darüberstreuen und mit zerstoßen. Den Parmesan einarbeiten, dabei nach und nach das **Olivenöl** dazugeben und so lange zerstoßen, bis das Pesto die gewünschte Konsistenz hat. • In ein Schraubglas füllen, die Oberfläche mit etwas **Olivenöl** bedecken und im Kühlschrank aufbewahren.

TIPPS Du kannst das Pesto als Topping für den Brotsalat nehmen oder für Tortellini und gefüllte Mozzarella-Kugeln (siehe Seiten 68 und 14) verwenden. Im Kühlschrank hält es sich etwa 2 Wochen.

VIGNAROLA ROMANA

FRÜHLINGSSUPPE MIT FAVABOHNEN UND ARTISCHOCKEN

ZUBEREITUNGSZEIT
30–35 Minuten plus
ca. 10 Minuten Garzeit

FÜR 4 PERSONEN
500 g frische Favabohnen (Saubohnen bzw. dicke Bohnen) in den Hülsen
500 g frische Erbsen in den Hülsen
1 Römersalat (300 g)
4 große Artischocken (à ca. 400 g)
2 Frühlingszwiebeln
1 roter Peperoncino (Chili)
2–3 EL Olivenöl extra vergine plus etwas zum Beträufeln
70 ml trockener Weißwein
feines Salz
schwarzer Pfeffer aus der Mühle

vegan, laktosefrei, glutenfrei, frei von raffiniertem Zucker

ZUBEREITUNG **Favabohnen** und **Erbsen** aus den Hülsen schälen und in eine Schüssel geben. • Den **Römersalat** waschen, trocken schütteln und in 2–3 cm breite Streifen schneiden. • Die **Artischocken** vorsichtig von den festen Außenblättern befreien. Den Stiel auf die Hälfte kürzen und rundherum schälen. Mit einem scharfen Messer (oder einer Küchenschere) die Blattspitzen gerade abschneiden und das „Heu“ mit den inneren Stacheln entfernen. Artischockenböden längs halbieren und in dünne Scheiben schneiden. • Die **Frühlingszwiebeln** putzen, den grünen Teil entfernen, waschen, längs halbieren und in dünne Scheiben schneiden. Den **Peperoncino** waschen, entkernen und in Ringe schneiden. • Das **Olivenöl** in einem großen Topf erhitzen, die Frühlingszwiebeln darin bei mittlerer Hitze etwa 1 Minute anbraten, dann die Peperoncino-Ringe hinzufügen und 2–3 Minuten mit anbraten. Sobald die Frühlingszwiebeln schön angebraten sind, die Artischocken dazugeben und 3–4 Minuten unter gelegentlichem Rühren weiterbraten. Favabohnen hinzufügen und 3 Minuten braten, die Erbsen einrühren und 1–2 Minuten weiterbraten. Zum Schluss die Salatstreifen dazugeben. Sobald alles gut angebraten ist, mit dem **Weißwein** ablöschen und diesen verkochen lassen. Den Deckel auflegen und alles etwa 10 Minuten köcheln lassen. • Die Vignarola mit **Salz** und **Pfeffer** abschmecken, auf Schalen verteilen und mit etwas **Olivenöl** beträufeln.

TIPPS Die Vignarola ähnelt mehr einem Eintopf und lässt sich endlos variieren. Im Winter kann daraus auch eine klassische Minestrone werden. Dafür zusätzlich 600 ml Gemüsebrühe kochen und zum Schluss in die Gemüsemischung einrühren. Die Suppe kann 2–3 Tage im Kühlschrank aufbewahrt werden.

PUNTARELLE ALLA ROMANA

PUNTARELLA-SALAT AUF RÖMISCHE ART

ZUBEREITUNGSZEIT
20 Minuten plus
60 Minuten Ruhezeit

FÜR 4 PERSONEN
1,5 kg Puntarelle
(alternativ Chicorée)
1 sehr kleine Knoblauchzehe
3 EL Olivenöl extra vergine
1 EL Weißweinessig
Salz
schwarzer Pfeffer aus der Mühle

vegan, laktosefrei, glutenfrei,
frei von raffiniertem Zucker

ZUBEREITUNG Die **Puntarelle** putzen, dabei die harten und faserigen Blätter entfernen, sodass nur noch der innere Teil mit den Trieben übrig bleibt. Gut waschen, es dürfen keine Schmutzreste mehr vorhanden sein. (Falls Chicorée verwendet wird, die äußeren Blätter und den keilförmigen Strunk entfernen, dann längs halbieren.) • Eine Schüssel mit Eiswasser bereitstellen. Die Puntarelle längs in sehr dünne Streifen schneiden und 60 Minuten in das Eiswasser legen, dabei alle 20 Minuten weitere Eiswürfel hinzufügen. So erhalten die Puntarelle das typische gekräuselte Aussehen. • Die **Knoblauchzehe** schälen und in einer Schale zerdrücken. **Olivenöl** und **Essig** hinzufügen, **salzen, pfeffern** und gut vermischen. • Puntarelle abgießen, kurz abtropfen lassen, dann auf ein Küchentuch geben und ganz vorsichtig abtupfen; sie müssen gut getrocknet werden, aber ohne zu zerbrechen oder übermäßig zerdrückt zu werden. Dann in eine Schüssel geben und die Vinaigrette darüberträufeln.

TIPP Der Puntarella-Salat kann sowohl als Vorspeise als auch als leckere Beilage serviert werden.

ZUPPA DI PISELLI E CIME DI RAPA

ERBSENSUPPE MIT STÄNGELKOHL

ZUBEREITUNGSZEIT
15 Minuten plus
ca. 20 Minuten Garzeit

FÜR 4 PERSONEN
200 g Kirschtomaten
1 roter Peperoncino (Chili; nach Belieben)
300 g Stängelkohl (Cime di rapa; alternativ Spinat)
2–3 EL Olivenöl extra vergine plus etwas zum Beträufeln
600 g TK-Erbsen
Salz

vegan, laktosefrei, glutenfrei, frei von raffiniertem Zucker

ZUBEREITUNG Die **Kirschtomaten** waschen und trocken tupfen. Den **Peperoncino,** falls verwendet, waschen, längs halbieren und entkernen. Den **Stängelkohl** putzen, waschen und grob in Stücke schneiden. • Das **Olivenöl** in einem Topf erhitzen und die Kirschtomaten darin kurz anbraten. Die Peperoncino-Hälften hinzufügen, etwa 3 Minuten mit anbraten und dann herausnehmen. Stängelkohl und **Erbsen** zu den Tomaten geben, 1,2 Liter Wasser angießen, aufkochen und etwa 20 Minuten köcheln lassen. • Mit **Salz** abschmecken, den Herd abschalten und die Suppe noch einige Minuten ruhen lassen. • In Schalen oder tiefe Teller füllen und mit etwas **Olivenöl** beträufeln.

TIPPS Pro Person in der Pfanne eine Scheibe altbackenes Weißbrot oder auch Bauernbrot in etwas Olivenöl von beiden Seiten anbraten. Dann die Brote als Einlage in tiefe Teller geben und die Suppe daraufgießen. Wer die Suppe etwas dicker haben möchte, kann eine Kelle voll mit Brühe und Erbsen abschöpfen, in einen Mixbecher geben, mit dem Stabmixer pürieren und wieder zurück in den Topf geben.

Tropea

›› Das Wahrzeichen Tropeas: Santa Maria dell'Isola

Tropeas Altstadt mit den vielen kleinen Einkaufsläden

MINESTRONE CLASSICO

KLASSISCHE GEMÜSESUPPE

ZUBEREITUNGSZEIT
25–30 Minuten plus
25–30 Minuten Garzeit

FÜR 8 PERSONEN
1 größere rote Zwiebel
1 kleine Lauchstange
1–2 Stangen Staudensellerie
1 Karotte
250 g Kürbis (z. B. Hokkaido- oder Butternut-Kürbis)
3–4 Kartoffeln (330 g)
300 g Blumenkohl
200 g Borlotti-Bohnen aus der Dose (Abtropfgewicht)
1 Zweig Rosmarin
2 EL Olivenöl extra vergine plus etwas zum Beträufeln
2 Lorbeerblätter
1 kleine weiße Zucchini (150 g; alternativ grüne Zucchini)
4–5 Tomaten (insgesamt 350 g)
200 g TK-Erbsen
Salz
schwarzer Pfeffer aus der Mühle

vegan, laktosefrei, glutenfrei, frei von raffiniertem Zucker

ZUBEREITUNG Die **Zwiebel** schälen und fein hacken. Den **Lauch** putzen, waschen und in dünne Scheiben schneiden. Den **Sellerie** putzen, die Blätter entfernen, die Stangen waschen und in Scheiben schneiden. Die **Karotte** schälen, in Streifen schneiden und fein hacken. • Den **Kürbis** entkernen, waschen und etwa 1 cm groß würfeln. Die **Kartoffeln** schälen und ebenfalls etwa 1 cm groß würfeln. Den **Blumenkohl** waschen und in Röschen zerteilen. Die **Bohnen** abgießen. Den **Rosmarin** abbrausen. • Das **Olivenöl** in einem großen Topf erhitzen. Zwiebeln, Lauch, Sellerie und Karotten hineingeben und unter häufigem Rühren bei niedriger bis mittlerer Hitze etwa 10 Minuten leicht bräunen. Dann Kürbis, Kartoffeln und Blumenkohl hinzugeben und anbraten. Die Bohnen einrühren und so viel heißes Wasser zugießen, dass die Zutaten bedeckt sind. Rosmarin und **Lorbeerblätter** dazugeben, den Deckel auflegen und 25–30 Minuten köcheln lassen. • Inzwischen die **Zucchini** putzen, waschen und in kleine Würfel schneiden. Die **Tomaten** waschen und ebenfalls würfeln, dabei die Stielansätze entfernen. • Zucchini und Tomaten mit den **Erbsen** in die Suppenmischung geben, mit etwas heißem Wasser auffüllen, falls zu viel Wasser verkocht ist, mit **Salz** und **Pfeffer** abschmecken und 5–10 Minuten weitergaren. • Die Kräuter entfernen und die Suppe in Schalen füllen. Etwas **Olivenöl** über die Portionen träufeln und servieren.

TIPPS Die Gemüse-Minestrone kann 2–3 Tage im Kühlschrank aufbewahrt werden und schmeckt aufgewärmt sehr gut. Wer möchte, kann die Tomaten auch häuten.

CARPACCIO DI BARBABIETOLA CON LENTICCHIE AL BALSAMICO

ROTE-BETE-CARPACCIO MIT BALSAMICO-LINSEN

ZUBEREITUNGSZEIT
15 Minuten plus
30–40 Minuten Garzeit

FÜR 4 PERSONEN
250 g getrocknete Tellerlinsen (braune Linsen)
500 ml Gemüsebrühe (siehe Seite 96; alternativ Fertigprodukt)
1 Schalotte
8–12 Basilikumblätter
2 EL Olivenöl extra vergine plus etwas zum Beträufeln
Salz
schwarzer Pfeffer aus der Mühle
1 TL Zucker
100 ml Balsamico-Essig
500 g gegarte Rote Beten (selbst gegart, siehe Tipp; alternativ vakuumverpackt gekauft)
4 kleine Kugeln Büffelmozzarella (à 50–100 g), abgetropft

glutenfrei

ZUBEREITUNG Die **Tellerlinsen** mit der **Brühe** in einen Topf geben, aufkochen, den Deckel auflegen und 30–40 Minuten köcheln lassen, bis sie weich sind. • Die **Schalotte** schälen und in feine Würfel schneiden. Die **Basilikumblätter** abbrausen und trocken tupfen. Das **Olivenöl** in einem kleinen Topf erhitzen und die Schalottenwürfel darin bei mittlerer Hitze glasig dünsten. Die gekochten Linsen abgießen, dazugeben und mit **Salz** und **Pfeffer** würzen. Den **Zucker** im **Balsamico-Essig** auflösen, die Linsen damit ablöschen und bei niedriger Hitze einkochen lassen. • In der Zwischenzeit die gegarten **Roten Beten** in feine Scheiben schneiden und als Carpaccio kreisförmig auf Tellern anrichten. • Die Balsamico-Linsen auf die Mitte setzen und mit je einer Kugel **Büffelmozzarella** krönen. Etwas **Pfeffer** darübermahlen, mit **Olivenöl** beträufeln und mit einigen Basilikumblättern garnieren.

TIPP Rote Bete kochen geht wirklich ganz einfach: Rote Beten gut waschen, ungeschält in einen Topf geben, mit Wasser bedecken, aufkochen und je nach Größe 30–45 Minuten gar kochen. Abgießen, abkühlen lassen und schälen.

CARPACCIO DI CEDRI CON MELOGRANO

CARPACCIO VON ZITRONATZITRONEN MIT GRANATAPFEL UND ORANGENDRESSING

ZUBEREITUNGSZEIT
20 Minuten

FÜR 4 PERSONEN
1 kleine Bioorange
1 Zitrone
Olivenöl extra vergine
Salz
schwarzer Pfeffer aus der Mühle
1 Biozitronatzitrone (ca. 400 g)
180 g Grana Padano
40 g Granatapfelkerne

laktosefrei, glutenfrei, frei von raffiniertem Zucker

ZUBEREITUNG Die **Orange** waschen, trocken tupfen und die Schale in eine Schüssel reiben. Die Frucht halbieren, auspressen und den Saft zur Orangenschale geben. • Die **Zitrone** auspressen, den Saft mit **Olivenöl,** einer Prise **Salz** und etwas **Pfeffer** ebenfalls in die Schüssel geben und mit dem Schneebesen zu einer Emulsion verrühren. • Die **Zitronatzitrone** waschen, trocken tupfen, mit einem scharfen Messer quer in sehr dünne Scheiben schneiden und auf Tellern kreisförmig als Carpaccio anrichten. • Den **Grana Padano** hobeln und darüberstreuen. Mit dem Orangendressing beträufeln und die **Granatapfelkerne** über dem Carpaccio verteilen. Zum Schluss etwas **Pfeffer** grob darübermahlen und servieren.

CARCIOFI ALLA ROMANA

ARTISCHOCKEN AUF RÖMISCHE ART

ZUBEREITUNGSZEIT
ca. 25 Minuten plus
15–20 Minuten Garzeit

FÜR 4 PERSONEN (ALS VORSPEISE)
Saft von 1 Zitrone
4 Artischocken (à 100–200 g)
4 Knoblauchzehen
4 EL Olivenöl extra vergine
5–6 Stängel glatte Petersilie
Salz
schwarzer Pfeffer aus der Mühle

vegan, laktosefrei, glutenfrei, frei von raffiniertem Zucker

ZUBEREITUNG Eine Schüssel halb mit Wasser füllen und die Hälfte des **Zitronensafts** hineingeben. • Bis auf 3–4 cm den Stiel von den **Artischocken** abschneiden. Die harten Außenblätter entfernen, bis nur noch die inneren zarten Blätter übrig bleiben. Mit einem scharfen Messer (oder einer Küchenschere) die Blattspitzen gerade abschneiden und das „Heu“ mit den inneren Stacheln entfernen. Die Artischockenböden längs halbieren und direkt in das Zitronenwasser geben, damit sie sich nicht verfärben. • Wasser in einem Topf zum Kochen bringen und die Artischocken darin je nach Größe 15–20 Minuten kochen, bis sie weich sind. Abgießen, abtropfen lassen und beiseitestellen. • Die **Knoblauchzehen** schälen und hacken. Das **Olivenöl** in einer Pfanne erhitzen und den Knoblauch darin goldbraun anbraten. Die gekochten Artischockenhälften vorsichtig in die Pfanne legen und von beiden Seiten jeweils 5 Minuten braten, bis sie goldbraun sind. • Inzwischen die **Petersilie** waschen, trocken schütteln und fein hacken. • Die Artischocken mit **Salz** und **Pfeffer** würzen, die Petersilie dazugeben, gut vermischen und weitere 2–3 Minuten braten. • Auf Teller verteilen, mit dem restlichen **Zitronensaft** beträufeln und heiß servieren.

TIPP Das Gericht schmeckt nicht nur als Vorspeise, sondern passt auch als Beilage zu Fleisch oder Fisch. Für eine pikante Version noch mit einer Prise Chiliflocken bestreuen.

VELLUTATA DI CASTAGNE

MARONEN-CREMESUPPE

ZUBEREITUNGSZEIT
30 Minuten (ohne Brühe)
plus 35–45 Minuten Garzeit

FÜR 4 PERSONEN
600 g Maronen (siehe Tipp)
1 Kartoffel (ca. 100 g)
Salz
1 Zweig Rosmarin
1 Zwiebel
2 EL Olivenöl extra vergine plus etwas zum Beträufeln
500 ml heiße Gemüsebrühe (siehe Seite 96; alternativ Fertigprodukt)
schwarzer Pfeffer aus der Mühle

vegan, laktosefrei, glutenfrei, frei von raffiniertem Zucker

ZUBEREITUNG Die Schale der **Maronen** mit der Spitze eines scharfen Messers tief einritzen. In einen Topf geben, mit reichlich Wasser bedecken, aufkochen und je nach Größe 20–30 Minuten weich kochen. Dann abgießen, etwas abkühlen lassen, noch warm schälen und klein hacken. • Die **Kartoffel** schälen, klein würfeln, in einen kleinen Topf geben, knapp mit Wasser bedecken, aufkochen, **salzen** und etwa 10 Minuten gar kochen. Abgießen und beiseitestellen. • Inzwischen den **Rosmarin** abbrausen und trocken schütteln. Die **Zwiebel** schälen, fein hacken und mit dem **Olivenöl** in einen Topf geben. Rosmarin hinzufügen und 3–4 Minuten andünsten. Dann die gehackten Maronen einrühren und kurz mitdünsten. Den Rosmarinzweig entfernen, die heiße **Brühe** angießen und 15 Minuten köcheln lassen. Dann die Kartoffelstücke hinzugeben, vom Herd nehmen und mit dem Stabmixer zu einer feinen Creme pürieren. • Den Topf wieder auf den Herd stellen, kurz erwärmen, **pfeffern** und bei Bedarf mit **Salz** abschmecken. Die Cremesuppe in Schalen füllen und mit etwas **Olivenöl** beträufelt servieren.

TIPPS Dazu passen knusprig gebackene Croûtons sehr gut (siehe Seite 14). Mit der Brühemenge kannst du die Konsistenz der Suppe variieren, wenn du sie lieber dicker oder dünner magst. Die Vellutata ist 2 Tage im Kühlschrank haltbar. Falls es dir zu viel Arbeit ist, die Maronen zu kochen und zu schälen, dann kannst du auch vorgegarte vakuumverpackte Maronen nehmen. Kartoffeln und Maronen sollte man allerdings nicht zusammen kochen, da die Kartoffelstärke den Geschmack und die Konsistenz der Suppe verändert.

LA CRAPIATA MATERANA

HÜLSENFRÜCHTESUPPE AUS MATERA

ZUBEREITUNGSZEIT
15 Minuten plus
24 Stunden Einweichzeit und
ca. 90 Minuten Garzeit

FÜR 6–8 PERSONEN
100 g getrocknete weiße Bohnen
100 g getrocknete schwarze Augenbohnen
200 g getrocknete Tellerlinsen (braune Linsen)
100 g getrocknete Kichererbsen
100 g getrocknete, geschälte Favabohnen (Saubohnen bzw. dicke Bohnen)
200 g Hartweizenkörner
100 g Dinkelkörner
3 kleinere Kartoffeln (insgesamt 200 g)
2 Lorbeerblätter
Salz
1 Zwiebel
1 Stange Staudensellerie
1 Karotte
8–10 Kirschtomaten (nach Belieben)
100 g TK-Erbsen
1–2 Prisen gemahlener getrockneter Peperoncino (scharfes Chilipulver)
Olivenöl extra vergine zum Beträufeln

vegan, laktosefrei, frei von raffiniertem Zucker

ZUBEREITUNG Am Vortag alle **getrockneten Hülsenfrüchte** und die **Getreidekörner** in eine sehr große Schüssel geben, mit reichlich kaltem Wasser bedecken und 24 Stunden einweichen. • Am nächsten Tag die Hülsenfrüchte-Getreide-Mischung in ein Sieb abgießen und in einen großen Topf geben. Die **Kartoffeln** schälen, würfeln und mit in den Topf geben. Die **Lorbeerblätter** hinzufügen, mit kaltem Wasser bedecken, aufkochen, **salzen** und etwa 45 Minuten köcheln lassen, dabei zwischendurch umrühren und kontrollieren, ob genug Wasser vorhanden ist. • Inzwischen die **Zwiebel** schälen und in kleine Stücke schneiden. Den **Sellerie** putzen, die Blätter entfernen und die Stange in Scheiben schneiden. Die **Karotte** schälen und ebenfalls in Scheiben schneiden. Die **Kirschtomaten,** falls verwendet, waschen und nach Belieben halbieren oder ganz lassen. Alles mit in den Topf geben und weitere 45 Minuten köcheln lassen, dabei die letzten 10 Minuten die **Erbsen** hinzufügen. • Das **Chilipulver** einrühren, die Suppe in tiefe Teller oder Schalen füllen, jeweils mit etwas **Olivenöl** beträufeln und heiß servieren.

TIPP Ein guter Rotwein ist ein fantastischer Begleiter dieser gehaltvollen Suppe.

PASTA, GNOCCHI E MALFATTI

PASTA, GNOCCHI UND KLÖSSCHEN

Unangefochtene Hauptdarsteller der italienischen Küche. Keine Region Italiens, die nicht mindestens drei verschiedene Pasta-Sorten ihr Eigen nennt. Während der Norden für die frische Pasta vor allem Teige mit Ei verwendet, sind es im Süden überwiegend Teige aus Hartweizengrieß und Wasser. Gnocchi aus Kartoffeln haben ihren Ursprung in Nord- und Mittelitalien und werden ausschließlich aus Kartoffeln und Mehl zubereitet, während die Malfatti oder Gnudi oftmals mit anderen Gemüsesorten hergestellt werden.

IMPASTO BASE PER PASTA ALL'UOVO

PASTA-GRUNDTEIG MIT EI

ZUBEREITUNGSZEIT
15–20 Minuten plus mind.
30 Minuten Ruhezeit

**ERGIBT 480–500 G
(FÜR CA. 4 PORTIONEN)**

Für den Teig

300 g Weizenmehl tipo 00
plus bei Bedarf etwas mehr
3 Eier (Größe M)
1 Prise Salz
Semola rimacinata
(Hartweizenmehl; alternativ fein gemahlener Hartweizengrieß) zum Bestäuben

Außerdem

Nudelholz oder Nudelmaschine

laktosefrei, frei von raffiniertem Zucker

ZUBEREITUNG **Kneten von Hand …**

Das **Mehl** auf die Arbeitsfläche sieben, in die Mitte eine Mulde drücken, **Eier** und **Salz** hineingeben, mit einer Gabel die Eier verquirlen und dabei immer wieder etwas Mehl vom Rand einarbeiten. Sobald Eier und Mehl miteinander verbunden sind, mit den Händen kneten. Ist der Teig zu fest, tropfenweise Wasser hinzufügen, dazu am besten nur die Fingerspitzen in eine Schale mit Wasser tauchen und das Wasser auf den Teig tropfen lassen. Ist der Teig zu klebrig, noch ein wenig **Mehl** einarbeiten. Teigreste auf der Arbeitsfläche abkratzen und untermischen. • Den Teig 10–15 Minuten gut durchkneten, dann in Frischhaltefolie wickeln und mindestens 30 Minuten bei Raumtemperatur ruhen lassen. Nun kann er weiterverarbeitet werden.

… oder Kneten mit der Küchenmaschine

Mehl, Eier und **Salz** in die Rührschüssel der Küchenmaschine geben und mit dem Flachrührer bei niedriger Geschwindigkeit 30 Sekunden mischen. Dann den Knethaken einsetzen, die Geschwindigkeit leicht erhöhen und 5–10 Minuten kneten, dabei nach Bedarf einige Tropfen Wasser hinzugeben. Wenn der Teig homogen, weich und kompakt ist, in Frischhaltefolie wickeln und mindestens 30 Minuten bei Raumtemperatur ruhen lassen. Dann kann er weiterverarbeitet werden.

Ausrollen mit dem Nudelholz …

Nach der Ruhezeit den Teig auf der mit **Semola** bestäubten Arbeitsfläche mit dem Nudelholz vorsichtig ausrollen. Wenn nötig, mit weiterem **Semola** bestreuen, damit er nicht klebt. Den Teig beim Ausrollen immer wieder im Uhrzeigersinn drehen und zwischendurch einmal wenden.

… oder Ausrollen mit der Nudelmaschine

Nach der Ruhezeit den Teig halbieren (à etwa 250 g). Eine

Teigportion mit einem Küchentuch abdecken, damit sie nicht austrocknet. Die andere Portion mit etwas **Semola** bestreuen und in den Walzen der Nudelmaschine mit der größten Abstandsstufe beginnend nach und nach immer dünner ausrollen, bis man eine Teigbahn in der gewünschten Dünne erhält. Auf die mit **Semola** leicht bemehlte Arbeitsfläche legen. Die andere Teighälfte auf die gleiche Weise ausrollen. (Wer wenig Erfahrung hat, teilt den Teig in drei oder vier Stücke und rollt kürzere Bahnen aus.) • Je nach gewünschter Pasta-Sorte sollte der Teig zum Schluss 1–3 mm dünn sein. Aus dem Teig kannst du nun mit einem scharfen Messer oder einem Teigrädchen (mit Well- oder glattem Rand) verschiedene lange oder kurze Pasta-Sorten ausschneiden oder formen.

VEGAN-TIPP UND GEFÄRBTE PASTA Für vegane Pasta ein Ei durch 40 ml Wasser ersetzen (also hier insgesamt 120 ml). Gleiches gilt für gefärbte Pasta, der man zum Beispiel gegarten, pürierten Spinat (siehe Seite 62), Rote-Bete-Saft, Karottensaft, etwas Tomatenmark oder Tintenfischtinte untermengt.

TIPP Du kannst auch den Teig portionieren, ohne ihn auszurollen, und daraus zum Beispiel Orecchiette („Öhrchen") formen und kochen. In getrockneter Form lässt sich frische Pasta auch gut einfrieren.

PASTA-SORTEN SCHNEIDEN ODER FORMEN

Für gefüllte Pasta sollte der ausgerollte Teig schnell verarbeitet werden, damit er formbar bleibt. Auch das Belegen sollte rasch erfolgen, damit die Füllung nicht den Teig durchweicht und dieser reißt. Flache, geformte Pasta sollte man wenigstens 30 Minuten auf einem Küchentuch trocknen lassen. Die Garzeit in Salzwasser beträgt je nach Dicke, Größe und Form der frischen Pasta 2–5 Minuten.

Lasagne: Den Teig in Rechtecke schneiden, Teigdicke 2–3 mm (siehe Seite 73).

Tagliatelle oder Bandnudeln: In lange, 5–10 mm breite Nudeln schneiden, Teigdicke etwa 1 mm.

Pappardelle: In lange, 10–15 mm breite Nudeln schneiden, Teigdicke etwa 1 mm.

Farfalle: Mit dem Wellrand-Teigrädchen den Teig in etwa 4 × 5 cm große Rechtecke schneiden, Teigdicke etwa 1 mm. Dann in der Mitte zusammendrücken, sodass „Schmetterlinge" entstehen.

Cannelloni: Den Teig in etwa 12 × 15 cm große Rechtecke schneiden, Teigdicke etwa 2 mm. Die Füllung daraufgeben, dann von den schmalen Seiten aufrollen (siehe Seite 48).

Tortelloni/Tortellini, Ravioli: Nach Rezept ausschneiden, füllen und formen, Teigdicke 1–2 mm oder 2–3 mm (siehe Seiten 61, 66 und 68).

Impasto base per pasta all'uovo

(Rezept siehe Seiten 44–45)

CANNELLONI RICOTTA E FUNGHI

CANNELLONI MIT RICOTTA-PILZ-FÜLLUNG

ZUBEREITUNGSZEIT
35–40 Minuten
(ohne Sauce und Teig)
plus ca. 30 Minuten Backzeit

FÜR 4–6 PERSONEN
1 Knoblauchzehe
250 g Champignons
(alternativ andere Pilze)
4 Stängel glatte Petersilie
2–3 EL Olivenöl extra vergine
Salz
schwarzer Pfeffer aus der Mühle
100 ml Weißwein
250 g Mozzarella
500 g Ricotta
500 g Béchamelsauce
(siehe Seite 50)
480–500 g Pasta-Grundteig
mit Ei (siehe Seiten 44–45;
alternativ ca. 350 g gekaufte
Cannelloni)
Semola rimacinata
(Hartweizenmehl; alternativ
fein gemahlener Hartweizengrieß) zum Bestäuben
50 g Parmesan

Außerdem

Auflaufform (ca. 30 × 20 cm)
Nudelholz (oder Nudelmaschine)

frei von raffiniertem Zucker

ZUBEREITUNG Die **Knoblauchzehe** schälen. Die **Pilze** trocken säubern, dabei die Stiele etwas abschneiden, und in dünne Scheiben schneiden. Die **Petersilie** abbrausen, trocken schütteln, die Blätter abzupfen (zwei Petersilienstiele aufbewahren) und beiseitelegen. Das **Olivenöl** in der Pfanne erhitzen, ganze Knoblauchzehe und Pilze mit den zwei Petersilienstielen darin anbraten. Knoblauch und Petersilienstiele entfernen, mit **Salz** und **Pfeffer** würzen. Mit dem **Weißwein** ablöschen und 5–6 Minuten einköcheln lassen, bis die Flüssigkeit vollständig verdampft ist. • Von den Pilzen etwa 3 EL beiseitestellen und den restlichen Pfanneninhalt in eine Schüssel geben. Einige Petersilienblätter beiseitelegen, die restlichen hacken. Den **Mozzarella** in kleine Würfel schneiden. Alles mit dem **Ricotta** zu den Pilzen geben, mit **Salz** und **Pfeffer** würzen und vermengen, dann die Füllung etwas abkühlen lassen. • Den Backofen auf 200 °C Ober-/Unterhitze vorheizen. Etwas Béchamelsauce in der Auflaufform verteilen. • Den **Pasta-Grundteig,** wie auf den Seiten 44–45 angegeben, mit dem Nudelholz (oder der Nudelmaschine) auf der leicht mit **Semola** bestäubten Arbeitsfläche etwa 2 mm dünn ausrollen und in etwa 12 × 15 cm große Rechtecke schneiden. Etwa 1 EL Füllung auf die kurzen Seiten der Rechtecke geben, einrollen und die Cannelloni mit der Naht nach unten nebeneinander in die Auflaufform legen. • Den **Parmesan** fein reiben und darüberstreuen. Die beiseitegestellten Pilze darüber verteilen. Mit der übrigen Béchamelsauce bedecken und die beiseitegelegten Petersilienblätter darüberstreuen. • Die Form mit Alufolie abdecken und im vorgeheizten Ofen (mittlere Schiene) etwa 30 Minuten backen, dabei nach 20 Minuten die Alufolie entfernen, damit die Oberfläche gebräunt wird. • Herausnehmen, kurz ruhen lassen und aus der Form servieren.

LASAGNE DI VERDURE

GEMÜSELASAGNE

ZUBEREITUNGSZEIT
45 Minuten (ohne Teigblätter)
plus 35–40 Minuten Backzeit

FÜR 6 PERSONEN

Für die Béchamelsauce

500 ml Milch (3,5 % Fett)
50 g Butter
50 g Weizenmehl tipo 00
1–2 Prisen Muskatnuss
Salz
schwarzer Pfeffer aus der Mühle

Für die Lasagne

500 g weißer Spargel
Salz
1 kleine Aubergine
1 mittelgroße Zucchini
4–6 EL Olivenöl extra vergine (nach Bedarf auch mehr)
1 Knoblauchzehe
200 g Zuckerschoten (alternativ grüne Bohnen)
125 g entsteinte schwarze Oliven
800 g Kirschtomaten
3 Basilikumblätter
schwarzer Pfeffer aus der Mühle
50 g Parmesan
150 g geriebener Mozzarella
480–500 g Pasta-Grundteig mit Ei (siehe Seiten 44–45; alternativ ca. 400 g gekaufte Lasagne ohne Vorkochen)
Semola rimacinata (Hartweizenmehl; alternativ fein gemahlener Hartweizengrieß) zum Bestäuben

Außerdem

Nudelholz (oder Nudelmaschine)
Auflaufform (ca. 30 × 20 cm)

ZUBEREITUNG Für die Béchamelsauce die **Milch** in einem Topf erwärmen. In einem zweiten Topf die **Butter** zerlassen, das **Mehl** mit einem Schneebesen einrühren und dann die Milch unter Rühren einarbeiten. Die Sauce unter ständigem Rühren bei niedriger bis mittlerer Hitze langsam eindicken lassen. Mit **Muskat, Salz** und **Pfeffer** abschmecken und beiseitestellen. • Für die Lasagne den **Spargel** schälen, die holzigen Enden abschneiden, Spargel in etwa 5 cm lange Stücke schneiden und in **Salzwasser** 2–3 Minuten garen. Abgießen und abtropfen lassen. • **Aubergine** und **Zucchini** putzen, waschen und längs in 2–3 mm dünne Scheiben schneiden. 3–4 EL **Olivenöl** in einer großen Pfanne erhitzen und die Scheiben darin portionsweise bei mittlerer Hitze jeweils 3 Minuten von beiden Seiten anbraten, dabei zwischendurch nach Bedarf **Öl** nachgießen. Aus der

Pfanne nehmen. • Inzwischen die **Knoblauchzehe** schälen und leicht zerdrücken. **Zuckerschoten** putzen, waschen und abtropfen lassen. Die **Oliven** in Scheiben schneiden, die **Kirschtomaten** waschen und halbieren. Die **Basilikumblätter** abbrausen und trocken tupfen. • 1–2 EL **Olivenöl** in derselben Pfanne erhitzen, den Knoblauch darin anbraten, die Zuckerschoten hinzugeben und kurz mitbraten, dann den Knoblauch entfernen. Oliven, Kirschtomaten und Basilikum mit in die Pfanne geben und etwa 2–3 Minuten weiterbraten. Dann den Spargel kurz mitbraten. Vom Herd nehmen und mit **Salz** und **Pfeffer** würzen. • Den **Parmesan** in eine Schüssel reiben und mit dem geriebenen **Mozzarella** mischen. • Den Backofen auf 190 °C Ober-/Unterhitze vorheizen. • Den **Pasta-Grundteig** mit dem Nudelholz (oder der Nudelmaschine) auf der leicht mit **Semola** bestäubten Arbeitsfläche 2–3 mm dünn ausrollen und in möglichst große Rechtecke schneiden. • Die Auflaufform mit etwas Béchamelsauce ausstreichen. Darauf die erste Lage Lasagneblätter legen (etwa ein Drittel der Blätter, dabei eventuell zurechtschneiden). Etwa die Hälfte von der Gemüsemischung aus der Pfanne darauf verteilen, mit der Hälfte der Zucchini - und Auberginenscheiben bedecken, ein Drittel Sauce daraufgeben und etwa ein Drittel der Käsemischung. So weiterschichten, bis zwei Gemüseschichten entstanden sind, dabei zum Schluss mit den restlichen Lasagneblättern abdecken, mit der restlichen Sauce begießen und den übrigen Käse darüberstreuen. In den vorgeheizten Ofen (mittlere Schiene) geben und 35–40 Minuten backen. • Herausnehmen und vor dem Anschneiden einige Minuten ruhen lassen.

frei von raffiniertem Zucker

TIPPS Das Gemüse kann je nach Jahreszeit angepasst werden. Die gebackene und abgekühlte Lasagne lässt sich abgedeckt bis zu 3 Tage im Kühlschrank aufbewahren. Nur dann einfrieren, wenn frische, nicht aufgetaute Zutaten verwendet wurden.

Lasagne di verdure (Rezept siehe Seiten 50–51)

KLEINE SIEGELKUNDE

Seit 1992 existiert in der EU ein einheitliches System, das besonders wertvolle Produkte mit einem Siegelsystem kennzeichnet. Die Einführung hatte zum Ziel, qualitativ hochwertige Lebensmittel und Agrarerzeugnisse aufzuwerten und sie gleichzeitig vor Namensmissbrauch oder Nachahmung zu schützen.

Die Abkürzungen variieren je nach Landessprache. Für Italien relevant sind die Bezeichnungen **Denominazione di Origine Protetta (DOP), Indicazione Geografica Protetta (IGP)** und **Spezialità Traditionale Garantita (STG).** Um mit dem DOP-Standard ausgezeichnet zu werden, müssen Erzeugung, Verarbeitung und Herstellung des Produkts in einem bestimmten geografischen Gebiet und nach einem festgelegten Verfahren erfolgen. Mit dem IGP-Siegel hingegen wird ein Erzeugnis gekennzeichnet, wenn wenigstens eine der drei Produktionsstufen (Erzeugung, Verarbeitung oder Herstellung) in der entsprechenden Region erfolgt ist. Für Produkte mit dem STG-Siegel gibt es keine geografischen Beschränkungen, sondern es wird zertifiziert, dass das Produkt aus traditionellen Zutaten besteht oder in traditioneller Weise hergestellt wurde.

Eine Besonderheit stellt die PAT-Zertifizierung dar. **PAT** steht für **Prodotto Agroalimentare Tradizionale,** also für ein traditionelles landwirtschaftliches Lebensmittelprodukt, und wird direkt vom italienischen Landwirtschaftsministerium vergeben. Um mit dem PAT-Siegel ausgezeichnet zu werden, müssen die Lebensmittel aus einer historisch gewachsenen Produktion und aus qualitativ anspruchsvoller Erzeugung stammen. Der Fokus liegt hier also auf Qualität und Tradition. Mittlerweile wurden über 5.000 italienische Produkte nach diesem Standard ausgezeichnet.

DOP IGP STG PAT

ITALIEN, DAS LAND

DER VIELEN KÄSESORTEN

Moment mal ... Käse und vegetarische Ernährung, funktioniert das? Die Antwort ist eindeutig: Ja! Während traditionell viele Käsesorten mithilfe tierischen Labs hergestellt wurden, ist es heute so, dass mehrheitlich mikrobielles Lab zur Käseherstellung verwendet wird. Es basiert auf Schimmelpilzkulturen, durch deren Stoffwechsel ein Gerinnungsenzym anfällt. Egal, ob Parmesan, Gorgonzola und Co., wer auf die entsprechende Kennzeichnung achtet, kann seinen Käse auch vegetarisch genießen.

Die italienische Küche ohne die Geschmacksvielfalt der unterschiedlichen Käsesorten ist undenkbar. Während Fleisch gerade in den ärmeren Regionen Italiens eher eine untergeordnete Rolle gespielt hat, war der Käse immer einer der Hauptdarsteller der traditionellen Küche. Viehhaltung wurde vor allem betrieben, um die Milch von Kuh, Ziege oder Schaf zu verarbeiten. So ist es kein Wunder, dass jede Region Italiens stolz auf ihre eigenen Käsesorten ist. In der Tat gibt es in Italien mehr als 480 Käsesorten. Von Nord bis Süd hat jede Region ihre eigenen Spezialitäten. Viele bekannte Gerichte bauen auf Käse auf: Risotto, Carbonara, Cacio e Pepe, selbst Parmesan-Chips auf besonders schönen Tellern und natürlich der geriebene oder geschabte Käse auf all den Vorspeisenplatten und Hauptgängen Italiens.

Während im Norden die Kuhhaltung überwiegt, werden in Mittel- und Süditalien vor allem Schafe gehalten. Auf den vielen Ziegenfarmen wird ein Käse produziert, der vor allem den Familien in den Dörfern Süditaliens

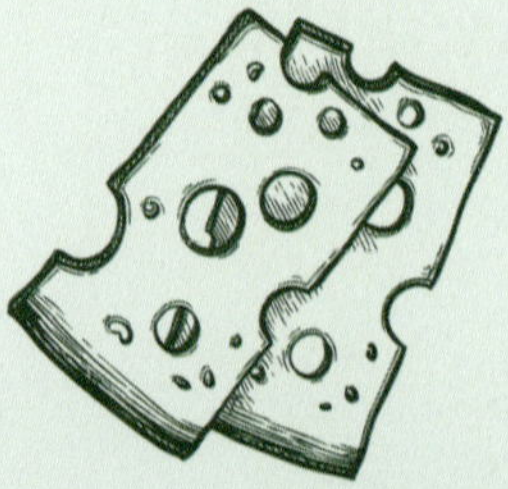

und Sardiniens seit Jahrhunderten wichtige Nährstoffe liefert. Die große Ausnahme im Süden sind die Büffel, die vor allem Kampanien für den besonderen Büffelmozzarella weltweit bekannt gemacht haben. Vollmundige Käsesorten bieten die Berggebiete mit ihren hochgelegenen Weiden. Die dortigen Käsesorten zählen zu den besten des Landes. Nicht zu vergessen die unterschiedlichen Hartkäsesorten wie Grana Padano, Parmigiano Reggiano, Pecorino Romano, Montasio, Pecorino Sardo und Nostrano Valtrompia.

All diese Käsesorten aufzulisten, ist schlichtweg unmöglich, aber die bekanntesten und wichtigsten möchte ich dir an dieser Stelle doch kurz näherbringen:

Mozzarella di bufala DOP Der Büffelmozzarella konkurriert mit dem Parmigiano Reggiano um den ersten Platz auf dem Podium der berühmtesten italienischen Käsesorten. Ursprünglich wurde nur der Mozzarella di bufala Campana als Mozzarella bezeichnet. Heute wird der beliebte Pasta-filata-Käse in ganz Italien aber auch aus Kuhmilch hergestellt, die billiger ist und in größeren Mengen produziert werden kann. Wenngleich das Original cremiger und leichter als die Kuhmilchvariante ist.

Mozzarella fior di latte Mozzarella fior di latte ist ein frisch gesponnener Käse, der aus Kuhvollmilch hergestellt wird. Er hat eine kugelförmige Form und keine Kruste, sondern ist mit einem dünnen, glatten und glänzenden Film bedeckt. Die Paste mit faseriger Struktur hat einen charakteristischen Geschmack von Milch und leicht saurer Sahne.

Robiola Robiola ist ein frischer italienischer Weichkäse, der ursprünglich aus der Stadt Roccaverano in der Provinz Asti im Piemont stammt. In der Regel kurz gereift, kann er auf Kuh-, Ziegen-, Schafs- oder Mischmilch basieren. Er kann zylindrisch oder quadratisch sein, hat keine Kruste, das Aroma erinnert an Milch und der Geschmack ist intensiv und leicht säuerlich.

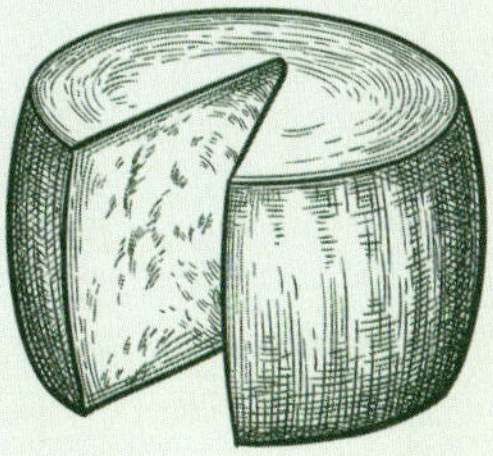

Gorgonzola DOP Gorgonzola gehört zu den beliebtesten italienischen Blauschimmelkäsesorten und wird aus Kuhvollmilch hergestellt. Er stammt ursprünglich aus der Lombardei und ist ein cremiger, weicher Rohkäse mit einem leicht würzigen Geschmack, dessen charakteristische grüne Adern dem Prozess der Schimmelbildung geschuldet sind.

Fontina DOP Fontina ist ein elastischer, weicher, halbgekochter Fettkäse aus dem Aostatal. Die Rinde ist kompakt, dünn und braun, während die Paste im Inneren weich und strohgelb ist. Als junger Käse hat er ein zartes und buttriges Aroma. Ausgereift dominieren fruchtige Töne und zarte Nuancen von Nüssen.

Bitto DOP Bitto ist ein halbgarer fetter Alpkäse von den Veltliner Almen – und nur von dort. Zur Herstellung wird Kuhvollmilch mit einem Zusatz von Ziegenmilch (10 %) verwendet, die wichtig ist, um dem Käse seinen besonderen Geschmack zu verleihen. Zylindrisch geformt, mit einer Rinde und gelbem Inneren, hat er einen süßen und delikaten Geschmack, der mit fortschreitender Reifung immer intensiver wird.

Asiago DOP Asiago ist ein halbreiner Käse venezianischer Herkunft, der aus Kuhmilch hergestellt wird. Er besticht durch sein süßes Aroma. Je nachdem, wie lange dieser vielseitige Käse reift, kann er unterschiedliche Texturen annehmen, von gestrichen glatt bis hin zu einer krümeligeren Konsistenz.

Castelmagno DOP Castelmagno ist ein halbharter Kuhmilchkäse aus dem Piemont. Er hat eine eher brüchige Struktur bis hin zum Krümeligen, wird aber mit dem Alter kompakter. Der Käse verfügt über ein feines Aroma, im jüngeren Zustand auch mit leicht milchsäuerlichen Noten.

Grana Padano DOP Grana Padano, der am meisten exportierte italienische DOP-Käse, wird aus Kuhmilch hergestellt. Es handelt sich um einen langsam reifenden Käse. Die Reifezeit kann von mindestens 9 Monaten bis zu

36 Monaten dauern. Er ist strohgelb, krümelig und sehr lecker. Im Gegensatz zum Parmigiano enthält er etwas weniger Fett.

Parmigiano Reggiano DOP Der Parmigiano Reggiano ist ebenfalls ein harter DOP-Käse aus roher Kuhmilch. Er darf nur Milch von Kühen aus der Region Parma und Reggio nell'Emilia enthalten. Die Reifezeit ist gegenüber dem Grana Padano mit 24 bis 72 Monaten noch länger, was ihm auch einen kräftigeren, vollmundigen und würzigeren Geschmack verleiht.

Montasio Der Montasio ist ein Käse aus Kuhmilch, der in Venetien und im Friaul hergestellt wird. Wenn er frisch ist, hat er einen delikaten Geschmack, die Paste ist weiß und die Rinde ist weich. Mit zunehmender Würze wird der Geschmack aromatischer, die Schale härter, die Farbe gelber und die ehemals weiche Paste krümelig und hart.

Pecorino Das ist ein Hartkäse, der ursprünglich aus Schafsmilch hergestellt wird. Er wird in verschiedenen Regionen, vor allem aber in Latium und auf Sardinien und Sizilien hergestellt. Pecorino wird frisch, mittelreif und durchgereift angeboten, wobei die Reifezeit von 3 Monaten bis zu einem Jahr betragen kann. Mit zunehmendem Alter wird er härter und der Geschmack intensiver und pikanter.

Ricotta Ricotta ist ein Frischkäse, der aus Molke hergestellt wird. Die Molke verleiht dem Ricotta seine typische, leicht krümelige, weiche Konsistenz und den milchig-cremigen Geschmack. Er ist sehr vielseitig und lässt sich sowohl in Desserts und Süßspeisen als auch in herzhaften Speisen und Dips verwenden. Außerdem ist er nahezu fettfrei.

Mascarpone Mascarpone ist ebenfalls ein Frischkäse, wird aber aus Milch und Rahm hergestellt. Das macht ihn besonders cremig, allerdings verfügt er deshalb auch über einen sehr hohen Fettanteil. Anders als viele andere Käsesorten wird Mascarpone zumeist als Zutat für Desserts und andere Süßspeisen verwendet.

‹‹ Asiago-Käse im Friaul

⌄ Podolica-Rinder in Kalabrien

⌃ Asiago-Laibe

›› Kleiner Käseladen in Asti, Piemont

RAVIOLI RIPIENI DI RICOTTA

RAVIOLI MIT RICOTTA-FÜLLUNG

ZUBEREITUNGSZEIT
60 Minuten (ohne Teig) plus mind. 30 Minuten Ruhezeit

FÜR 4 PERSONEN (ERGIBT CA. 24 STÜCK)
400 g Ricotta
Salz
schwarzer Pfeffer aus der Mühle
20 g Grana Padano
1–2 Prisen geriebene Muskatnuss
480–500 g Pasta-Grundteig mit Ei (siehe Seiten 44–45)
Semola rimacinata (Hartweizenmehl; alternativ fein gemahlener Hartweizengrieß) zum Bestäuben
2 EL Butter

Außerdem
Spritzbeutel mit großer Tülle
Nudelmaschine (alternativ Nudelholz)
Teigroller mit Wellenrand (alternativ Messer)

frei von raffiniertem Zucker

ZUBEREITUNG Den **Ricotta** in eine Schüssel geben und mit **Salz** und **Pfeffer** würzen. Den **Grana Padano** fein reiben, mit der **Muskatnuss** hinzufügen und sorgfältig mischen. In den Spritzbeutel mit Tülle füllen und in den Kühlschrank legen (geht auch ohne Tülle, wenn die Öffnung des Beutels nicht zu groß ist). • Den **Pasta-Grundteig** mit der Nudelmaschine zu zwei etwa 2–3 mm dünnen Teigbahnen ausrollen und auf die mit **Semola** leicht bemehlte Arbeitsfläche legen. (Alternativ mit dem Nudelholz zwei Teigbahnen ausrollen.) • Auf eine der Teigbahnen mit dem Spritzbeutel in regelmäßigen Abständen von 4 cm kleine Ricotta-Portionen spritzen (die Ravioli sollen später etwa 4 × 4 cm groß sein), dabei auch am Teigrand noch genug Platz für das spätere Ausstechen lassen. • Mit einem Küchenpinsel (oder dem Finger) den Teig neben den Ricotta-Portionen in Streifen anfeuchten. Dann die zweite Teigbahn darüberlegen und vorsichtig zuerst um die Ricotta-Portionen herum und dann an den Kanten andrücken. Mit dem Teigroller gleichmäßige Ravioli ausschneiden, dabei reihenweise arbeiten. Zum Schluss sollten etwa 24 Ravioli entstanden sein. • Reichlich Wasser in einem großen Topf zum Kochen bringen und **salzen.** Die Ravioli hineingeben und 2–3 Minuten garen. • Inzwischen die **Butter** in einer Pfanne erhitzen. Die Ravioli mit einem Schaumlöffel aus dem Kochwasser heben, in die Pfanne geben, kurz in der Butter schwenken und servieren.

TIPPS Wer es würzig mag, mischt noch frisch gehackte Kräuter (zum Beispiel Thymian, glatte Petersilie oder Salbei) unter die Ricotta-Füllung. Die Ravioli können ungekocht bis zu 3 Monate eingefroren werden. Die gefrorenen Ravioli bei Bedarf direkt ins kochende Salzwasser geben und etwa 5 Minuten gar kochen.

RAVIOLI DI SPINACI CON RICOTTA E PARMIGIANO SU RAGÙ DI POMODORO

SPINAT-RAVIOLI MIT RICOTTA-PARMESAN-FÜLLUNG AUF TOMATENRAGOUT

ZUBEREITUNGSZEIT
90 Minuten

FÜR 5–6 PERSONEN (ERGIBT CA. 30 STÜCK)

Für den Teig

70 g Babyspinat
feines Salz
400 g Weizenmehl tipo 00
3 Eier (Größe M)
Semola rimacinata (Hartweizenmehl; alternativ fein gemahlener Hartweizengrieß) zum Bestäuben

Für das Tomatenragout

1 Knoblauchzehe
500 g bunte Kirschtomaten
15 g Basilikum
2–3 EL Olivenöl extra vergine
Salz
schwarzer Pfeffer aus der Mühle

Für die Füllung

180 g Parmesan
400 g Ricotta
1–2 Prisen geriebene Muskatnuss
schwarzer Pfeffer aus der Mühle

Außerdem

Spritzbeutel ohne Tülle
Nudelmaschine (alternativ Nudelholz)
Teigroller mit Wellenrand (alternativ Messer)

frei von raffiniertem Zucker

ZUBEREITUNG Für den Teig den **Spinat** waschen, tropfnass in einen Topf geben, **salzen** und abgedeckt 5–7 Minuten dünsten. In ein Sieb geben und mit den Händen gut ausdrücken (das ist wichtig, damit der Teig später nicht zu nass wird). Dann im Standmixer oder mit dem Pürierstab fein pürieren. • Das **Mehl** auf die Arbeitsfläche sieben, in die Mitte eine Mulde drücken, **Eier,** Spinatpüree und eine Prise **Salz** hineingeben oder die Zutaten in die Rührschüssel der Küchenmaschine geben, den Teig, wie auf Seiten 44–45 beschrieben, herstellen und 30 Minuten bei Raumtemperatur ruhen lassen. • Währenddessen für das Tomatenragout die **Knoblauchzehe** schälen. Die **Kirschtomaten** waschen. Das **Basilikum** abbrausen, trocken schütteln, die Blätter abzupfen und einige davon zum Garnieren beiseitestellen. Das **Olivenöl** in einer Pfanne erhitzen, die ganze Knoblauchzehe darin 2–3 Minuten andünsten und wieder entfernen. Die Tomaten in das aromatisierte Öl geben und andünsten. Das Basilikum dazugeben, mit **Salz** und **Pfeffer** würzen und abgedeckt bei niedriger bis mittlerer Hitze 10–15 Minuten köcheln lassen. • Inzwischen für die Füllung etwas vom **Parmesan** zum Garnieren abhobeln und beiseitestellen, den Rest fein in eine Schüssel reiben. **Ricotta, Muskat** und etwas **Pfeffer** hinzugeben und vermischen. Dann mit den Händen zu einer homogenen Masse kneten, in den Spritzbeutel füllen und in den Kühlschrank stellen. • Den Pasta-Teig, wie auf Seiten 44–45 angegeben, mit der Nudelmaschine zu vier etwa 2–3 mm dünnen Teigbahnen ausrollen und auf die mit **Semola** leicht bestäubte Arbeitsfläche legen. (Alternativ mit dem Nudelholz vier Bahnen ausrollen.) • Auf zwei Teigbahnen mit dem Spritzbeutel in regelmäßigen Abständen von 4 cm kleine Ricotta-Portionen spritzen (die Ravioli sollen später etwa 4 × 4 cm groß sein), dabei auch am Teigrand noch genug Platz für das spätere Ausstechen lassen. • Mit einem Küchenpinsel (oder dem Finger) den Teig neben den Ricotta-Portionen in Streifen anfeuchten. Dann die beiden anderen Teigbahnen darüberlegen und vorsichtig zuerst um die Ricotta-Portionen herum und dann an den Kanten andrücken. Mit dem Teigroller gleichmäßige Ravioli ausschneiden, dabei reihenweise arbeiten. Zum Schluss sollten etwa 30 Ravioli entstanden sein. • Reichlich Wasser in einem großen Topf zum Kochen bringen und **salzen.** Die Ravioli hineingeben und 2–3 Minuten garen. In ein Sieb abgießen, noch tropfnass zur Tomatensauce in die Pfanne geben, vermischen und auf tiefe Teller verteilen. Mit den beiseitegestellten Basilikumblättern und Parmesanspänen garnieren und servieren.

TIPPS Im Sommer passt vor allem Stracciatella (das weiche Innere) von der Burrata hervorragend zu den Spinat-Ravioli. Sie können ungekocht bis zu 3 Monate eingefroren werden. Dazu die ungekochten Ravioli nebeneinander auf ein mit Semola bestreutes Tablett legen und im Gefrierfach 1–2 Stunden vorgefrieren. Danach in eine Gefrierbox füllen und einfrieren. Die gefrorenen Ravioli bei Bedarf direkt ins kochende Salzwasser geben und etwa 5 Minuten gar kochen.

RAVIOLI-VARIATIONEN Du kannst die Füllung und auch den Ravioli-Teig selbst variieren:

Tomaten-Ravioli mit Käsefüllung: Statt Spinat 2 EL Tomatenmark mit den Eiern mischen, in die Mehlmulde geben und wie oben angegeben fortfahren, so wird der Pasta-Teig schön rot. Für die Füllung 200 g sehr klein gewürfelten Mozzarella, 200 g Ricotta, 180 g geriebenen Grana Padano und vier bis fünf gehackte Basilikumblätter verwenden.

Ravioli mit Steinpilzfüllung: Eine fein gehackte Zwiebel und 250 g klein geschnittene Steinpilze in 2–3 EL Olivenöl etwa 7 Minuten anbraten. Dann mit 2–3 EL Gemüsebrühe im Standmixer oder mit dem Stabmixer pürieren, mit Salz und Pfeffer würzen, 2–3 EL geriebenen Parmesan gut untermischen und wie oben beschrieben abgekühlt als Füllung verwenden.

Ravioli mit Kürbisfüllung: 400 g Kürbis entkernen, schälen und in grobe Würfel schneiden. Olivenöl in einem Topf erhitzen, eine geschälte Knoblauchzehe darin 2 Minuten anrösten und entfernen. Die Kürbiswürfel hineingeben, abdecken und bei niedriger Hitze etwa 15–20 Minuten garen. In eine Schüssel geben, salzen, pfeffern, mit einer Gabel zerdrücken, 2 EL fein geriebenen Parmesan unterrühren, mit Muskatnuss abschmecken und wie oben beschrieben abgekühlt als Füllung verwenden.

Die Ravioli wie im Rezept angegeben kochen, dann in einer Pfanne in 2 EL Butter und einigen Salbeiblättern schwenken und mit etwas grob gemahlenem Parmesan servieren.

Ravioli di spinaci con ricotta e parmigiano su ragù di pomodoro (Rezept siehe Seiten 62–63)

RAVIOLO CON SORPRESA

RAVIOLO MIT ÜBERRASCHUNG

ZUBEREITUNGSZEIT
35 Minuten (ohne Teig)
und ca. 10 Minuten Garzeit

FÜR 4 PERSONEN (ERGIBT 4 RAVIOLI ALS VORSPEISE)

600 g frischer Spinat
Salz
80 g Parmesan
300 g Mascarpone (oder Ricotta)
1–2 Prisen geriebene Muskatnuss
250 g Pasta-Grundteig mit Ei (siehe Seiten 44–45)
Semola rimacinata (Hartweizenmehl; alternativ fein gemahlener Hartweizengrieß) zum Bestäuben
4 Eigelb (idealerweise bio; Größe M)
50 g Butter
10 Salbeiblätter
schwarzer Pfeffer aus der Mühle

Außerdem

Spritzbeutel (ohne Tülle)
Ausstecher (Ø ca. 11 cm; alternativ eine Schale als Schablone)

frei von raffiniertem Zucker

ZUBEREITUNG Den **Spinat** waschen, tropfnass in einen Topf geben, leicht **salzen** und etwa 10 Minuten kochen. Eine Schüssel mit Eiswasser bereitstellen. Den Spinat abgießen und ins Eiswasser geben. Nach einigen Minuten in ein Sieb abgießen und sehr gründlich ausdrücken (er darf nicht mehr nass sein). Dann sehr fein hacken und in eine Schüssel geben. • Den **Parmesan** fein reiben und 1 EL davon zum Garnieren beiseitestellen. Parmesan, **Mascarpone** und **Muskatnuss** zum Spinat geben und vermischen, in den Spritzbeutel füllen und bis zur Verwendung in den Kühlschrank stellen. • Den **Pasta-Grundteig** mit dem Nudelholz auf der leicht mit **Semola** bestäubten Arbeitsfläche zu einem etwa 2 mm dünnen Kreis ausrollen. Dann acht Kreise à 11 cm ausstechen oder -schneiden. • Die Füllung ringförmig auf vier Teigkreise spritzen, sodass in die Mitte je ein Eigelb passt. Auf den ersten Ring einen zweiten spritzen, damit er höher wird. Die vier **Eigelbe** vorsichtig in die Mulden geben. Den Rand der Teigkreise mit etwas Wasser anfeuchten, die anderen vier Kreise vorsichtig auflegen, die Ränder andrücken und mit den Zinken einer Gabel ein Muster einprägen. Dabei nicht auf die Füllung drücken und den Teigkreis nicht durchbohren, damit die Füllung später nicht herausquillt. • Inzwischen reichlich Wasser in einem großen Topf zum Kochen bringen und **salzen.** Die Raviolo-Portionen vorsichtig in das siedende Salzwasser geben und 4–5 Minuten garen. • Währenddessen die **Salbeiblätter** abbrausen und trocken tupfen. Die **Butter** in einer Pfanne zerlassen und den Salbei mit hineingeben. Die Ravioli aus dem Wasser heben, in die Pfanne geben und in der Salbeibutter schwenken. • Auf vier Teller verteilen, mit der Salbeibutter beträufeln, mit dem beiseitegestellten Parmesan bestreuen, etwas **Pfeffer** grob darübermahlen und servieren.

TIPP Die Teigreste kannst du in Streifen oder Rechtecke schneiden, trocknen und später als Nudeln kochen oder in eine Suppe geben. Die Ravioli con sorpresa nicht einfrieren und nicht im Kühlschrank aufbewahren. Sie müssen wegen der Eigelbe frisch gegart und verzehrt werden.

TORTELLINI CON CREMA DI PARMIGIANO E PESTO ALLA GENOVESE

SELBST GEMACHTE TORTELLINI MIT BOHNEN-KARTOFFEL-FÜLLUNG AN PARMESANCREME UND BASILIKUMPESTO

ZUBEREITUNGSZEIT

60 Minuten plus 4–6 Minuten Garzeit (ohne Pesto)

FÜR 2 PERSONEN

Für die Pasta

100 g Weizenmehl tipo 00
1 Ei (Größe M)
Semola rimacinata (Hartweizenmehl; alternativ fein gemahlener Hartweizengrieß) zum Bestäuben
30 g Butter

Für die Füllung

100 g grüne Bohnen
2 vorwiegend festkochende Kartoffeln (170–200 g)
Salz
70 g Parmesan
1 Eigelb (Größe M)
schwarzer Pfeffer aus der Mühle

Für das Topping

50 g Parmesan
1–2 EL Pinienkerne
ca. 1,5 l Pflanzenöl (oder Sonnenblumenöl) zum Frittieren
2 vorwiegend festkochende Kartoffeln (ca. 200 g)
Salz
10–12 Basilikumblätter
2 EL Basilikumpesto (siehe Seite 21)

Für die Parmesancreme

100 ml Milch (3,5 % Fett)
120 g Parmesan

Außerdem

Spritzbeutel mit glatter Tülle oder Einwegspritzbeutel, Spitze abgeschnitten
Nudelmaschine (alternativ Nudelholz)
Ausstecher (Ø 4–5 cm; alternativ ein dünnwandiges kleines Glas)

ZUBEREITUNG Den Backofen auf 185 °C Ober-/Unterhitze vorheizen. Ein Backblech mit Backpapier auslegen. • Für die Pasta **Mehl** und **Ei** vermischen und zu einem homogenen Teig kneten. In Frischhaltefolie einwickeln und bis zur Verwendung bei Raumtemperatur ruhen lassen. • Für die Füllung die **Bohnen** putzen, waschen und in kleinere Stücke brechen. Die **Kartoffeln** schälen, in Stücke schneiden und mit den Bohnen in einen Topf geben. Knapp mit Wasser bedecken, aufkochen, dann **salzen** und etwa 15 Minuten gar kochen. • Währenddessen für das Topping den **Parmesan** fein reiben, auf dem Backblech gleichmäßig verteilen, in den vorgeheizten Ofen geben und 8–10 Minuten backen, bis der Käse geschmolzen und goldgelb ist. Aus dem Ofen nehmen und abkühlen lassen. Dann die Parmesanchips in die gewünschte Form brechen oder schneiden. • Inzwischen die **Pinienkerne** in einer Pfanne ohne Fett durch Schwenken goldbraun rösten. Beiseitestellen. • Das **Pflanzenöl** in einem hohen Frittiertopf oder in der Fritteuse auf 175 °C erhitzen. Die **Kartoffeln** gut waschen, ungeschält mit einer Mandoline sehr dünn schneiden und sofort (die Stärke nicht abwaschen!) im heißen Öl goldbraun frittieren. Herausheben, die Kartoffelchips auf Küchenpapier geben, **salzen** und abtropfen lassen. • Die **Basilikumblätter** in das heiße Öl geben und einige Sekunden frittieren. Herausheben und auf Küchenpapier abtropfen lassen. • Die Kartoffel-Bohnen-Mischung abgießen und in eine Schüssel geben. Den **Parmesan** fein darüberreiben, **Eigelb** und etwas **Salz** und **Pfeffer** dazugeben und alles mit dem Stabmixer kurz pürieren. Die Füllung in den Spritzbeutel geben und kalt stellen. • Den Pasta-Teig nach der Ruhezeit mit etwas **Semola** bestreuen und in der Walze der Nudelmaschine mit der größten Stufe beginnend nach und nach immer dünner ausrollen, bis die dünnste Stufe erreicht ist. Die Teigbahn auf die mit **Semola** leicht bemehlte Arbeitsfläche legen. (Alternativ mit dem Nudelholz eine Teigbahn ausrollen.) • Dann im Abstand von 4–5 cm die Füllung aufspritzen, dabei auch am Teigrand noch genug Platz für das spätere Ausstechen lassen. Mit dem Ausstecher um die Füllungen herum Kreise ausstechen und die Ränder mit etwas Wasser leicht anfeuchten. Die Teigkreise über die Füllung schlagen und den Rand gut andrücken, sodass Halbmonde entstehen. Die Spitzen der Halbmonde zusammenführen und andrücken (den Halbmond dabei am besten über den Zeigefinger legen), sodass die typische Tortellini-Form entsteht. Zum Schluss sollten 16–20 Tortellini entstanden sein. Auf die mit **Semola** bestäubte Arbeitsfläche legen und etwas antrocknen lassen. • Für die Parmesancreme die **Milch** in einen Topf geben und auf 85 °C erhitzen. Inzwischen den **Parmesan** fein reiben, in die Milch rühren und schmelzen lassen. • Reichlich Wasser in einem Topf zum Kochen bringen, **salzen,** die Tortellini hineingeben und 4–6 Minuten kochen. • Währenddessen die **Butter** in einer Pfanne zerlassen. Die Tortellini mit einem Schaumlöffel aus dem Kochwasser heben, direkt in die Pfanne geben und in der Butter kurz anbraten. • Sofort auf Teller verteilen und im Wechsel mit **Basilikumpesto** und Parmesancreme beträufeln. Mit Parmesanchips, Pinienkernen und Kartoffelchips garnieren. Zum Schluss mit den frittierten Basilikumblättern bestreuen.

frei von raffiniertem Zucker

Alessandro Marino

Tortellini con crema di parmigiano e pesto alla genovese (Rezept siehe Seiten 68–69)

LASAGNE APERTE CON FUNGHI

OFFENE LASAGNE MIT PILZEN

ZUBEREITUNGSZEIT
35 Minuten (ohne Teig)

FÜR 4 PERSONEN (ALS LEICHTES ESSEN ODER VORSPEISE)

20 g getrocknete Steinpilze (oder 100 g frische)
500 g gemischte Wildpilze je nach Verfügbarkeit (alternativ andere Pilze)
2 Knoblauchzehen
4–5 Stängel glatte Petersilie
30 g Parmesan
250 g Pasta-Grundteig mit Ei (siehe Seiten 44–45)
Semola rimacinata (Hartweizenmehl; alternativ fein gemahlener Hartweizengrieß) zum Bestäuben
3–4 EL Olivenöl extra vergine
Salz
schwarzer Pfeffer aus der Mühle
50 g Butter

Außerdem

Nudelmaschine (alternativ Nudelholz)

frei von raffiniertem Zucker

ZUBEREITUNG Die **getrockneten Pilze** in eine Schale geben, mit heißem Wasser übergießen und etwa 20 Minuten einweichen. Dann abgießen und grob in Stücke schneiden. • Inzwischen die **frischen Pilze** trocken säubern und grob in Stücke schneiden. Die **Knoblauchzehen** schälen und fein hacken. Die **Petersilie** abbrausen, trocken schütteln und hacken. Den **Parmesan** fein reiben. • Den **Pasta-Grundteig** mit der Nudelmaschine zu zwei 1–2 mm dünnen Teigbahnen ausrollen, auf die leicht mit **Semola** bestäubte Arbeitsfläche legen, in jeweils vier 13–15 cm große Quadrate schneiden und mit einem Küchentuch abdecken. (Alternativ mit dem Nudelholz zwei Teigbahnen ausrollen.) • 2–3 EL **Olivenöl** in einer Pfanne erhitzen und den Knoblauch darin anschwitzen. Alle Pilze dazugeben, mit **Salz** und **Pfeffer** würzen und etwa 7 Minuten dünsten. Petersilie untermischen. • Parallel dazu die **Butter** in einer kleinen Pfanne oder einem kleinen Topf zerlassen. • In der Zwischenzeit reichlich Wasser in einem Topf zum Kochen bringen, dann **salzen.** Das restliche **Olivenöl** hineingeben, die Pasta-Blätter vorsichtig in das Wasser gleiten lassen und etwa 1 Minute garen. Eine Kochpinzette oder -zange und ein Schaumlöffel helfen dabei, dass die Blätter beim Kochen nicht zusammenkleben und man sie wieder gut aus dem Wasser bekommt. • Die gegarten Lasagneblätter nur kurz auf einem Küchentuch abtropfen lassen. Dann vier davon sofort auf vorgewärmte Teller geben, glatt ausbreiten, mit zwei Dritteln der Pilzmischung belegen, die vier übrigen Lasagneblätter darüberlegen und mit der restlichen Pilzmischung toppen. Mit der flüssigen Butter beträufeln, mit dem Parmesan bestreuen, etwas **Pfeffer** grob darübermahlen und sofort servieren.

TIPPS Dazu passt ein schöner gemischter Salat. Diese offene Lasagne kann mit allem gefüllt werden, was auch immer dir schmeckt. Gegrilltes Gemüse oder grüner und weißer Spargel passen ebenfalls hervorragend. Die Teller am besten im Backofen bei 50 °C vorwärmen.

SPAGHETTI AGLIO, OLIO E PEPERONCINO

SPAGHETTI MIT KNOBLAUCH, ÖL UND CHILI

ZUBEREITUNGSZEIT
15–20 Minuten

FÜR 4 PERSONEN
Salz
400 g Spaghetti
4 Knoblauchzehen
1 roter Peperoncino (Chili)
5–6 Stängel glatte Petersilie
4–5 EL Olivenöl extra vergine plus etwas zum Beträufeln

vegan, laktosefrei, frei von raffiniertem Zucker

ZUBEREITUNG Reichlich Wasser in einem Topf zum Kochen bringen und **salzen** (nicht zu stark, da das Salzwasser später noch für die Sauce verwendet wird). Die **Spaghetti** ins kochende Wasser geben und nur maximal 8 Minuten kochen. • In der Zwischenzeit die **Knoblauchzehen** schälen und andrücken, aber nicht schneiden. Den **Peperoncino** waschen, entkernen und längs halbieren. Die **Petersilie** abbrausen, trocken schütteln und hacken. • Das **Olivenöl** in einer Pfanne erhitzen und den Knoblauch mit dem Peperoncino darin kurz anbraten, bis der Knoblauch goldbraun ist. Dann beides aus der Pfanne entfernen. • Eine Kelle Nudelwasser in die Pfanne geben, die fast zu Ende gegarte Pasta aus dem Kochwasser heben und hinzufügen, gut schwenken und darauf achten, dass genug Flüssigkeit in der Pfanne ist. Dabei immer wieder die Pasta in Bewegung halten, damit die Stärke sich gut mit der Flüssigkeit in der Pfanne verbindet. Mit **Salz** abschmecken und die Petersilie darüberstreuen. Nach Bedarf noch etwas Nudelwasser hinzufügen. • Die Spaghetti auf tiefe Teller verteilen, nach Belieben noch etwas gutes **Olivenöl** darüberträufeln und servieren.

PENNE AL GORGONZOLA E NOCI

PENNE MIT GORGONZOLA-SAUCE UND WALNÜSSEN

ZUBEREITUNGSZEIT
20 Minuten

FÜR 4 PERSONEN
50 g Walnusskerne
1 rote Zwiebel
50 g Butter
250 ml Milch (3,5 % Fett)
200 g Gorgonzola dolce
Salz
schwarzer Pfeffer aus der Mühle
1–2 Prisen frisch geriebene Muskatnuss
400 g Penne

frei von raffiniertem Zucker

ZUBEREITUNG Die **Walnüsse** grob hacken und in einer Pfanne ohne Fett goldbraun anrösten. Herausnehmen und beiseitestellen. • Inzwischen die **Zwiebel** schälen und fein hacken. Die **Butter** in einem kleinen Topf zerlassen und die Zwiebeln darin etwa 5 Minuten langsam dünsten. • Die **Milch** in den Topf gießen und erwärmen. Die Rinde vom **Gorgonzola** entfernen, den Käse in Stücke schneiden, in die Milch geben und langsam zum Schmelzen bringen, dabei zwischendurch rühren. Mit **Salz, Pfeffer** und **Muskat** abschmecken. • Parallel dazu reichlich Wasser in einem großen Topf zum Kochen bringen und **salzen.** Die **Pasta** hineingeben und etwas fester als al dente kochen. Dann abgießen, wieder in den Topf geben, die Gorgonzola-Sauce hinzufügen und so lange schwenken, bis die Sauce schön sämig wird. • Die Pasta auf vorgewärmte tiefe Teller verteilen, die Walnüsse darüberstreuen, etwas **Pfeffer** grob darübermahlen und servieren.

VARIATIONEN **Penne mit Gorgonzola-Spinat-Sauce und Walnüssen:** Zusätzlich 100 g klein geschnittenen, gedämpften Spinat (oder aufgetauten, gehackten TK-Spinat) in die Sauce geben und einige Minuten miterhitzen.
Penne mit Gorgonzola-Birnen-Sauce und Walnüssen: Statt der Zwiebel eine geschälte, klein gewürfelte Birne (250 g) in der Butter gar dünsten und wie oben angegeben fortfahren.

PASTA ALLO SCARPARIELLO

PASTA MIT TOMATEN-KÄSE-SAUCE AUF NEAPOLITANISCHE ART

ZUBEREITUNGSZEIT
15 Minuten plus
10–15 Minuten Kochzeit

FÜR 4 PERSONEN
1 Knoblauchzehe
1 getrockneter roter Peperoncino (Chili)
600 g reife längliche Datteltomaten (siehe Tipp)
70 g Pecorino
70 g Parmesan
2–3 EL Olivenöl extra vergine plus etwas zum Beträufeln
Salz
500 g Paccheri (oder Rigatoni)
schwarzer Pfeffer aus der Mühle
einige Basilikumblätter

laktosefrei, frei von raffiniertem Zucker

ZUBEREITUNG Die **Knoblauchzehe** schälen und in Scheiben schneiden. Den **Peperoncino** längs halbieren und entkernen. Die **Tomaten** waschen, vierteln und dabei die Stielansätze entfernen. **Pecorino** und **Parmesan** reiben und etwas davon zum Garnieren beiseitestellen. • Das **Olivenöl** in einer Pfanne erhitzen. Knoblauch und Peperoncino darin bei mittlerer Hitze kurz anbraten. Die Hitze reduzieren, die Tomatenviertel hinzugeben und 10–15 Minuten langsam weich garen. • Inzwischen reichlich Wasser in einem großen Topf zum Kochen bringen und **salzen.** Die **Pasta** hineingeben und etwas fester als al dente kochen. • Eine Kelle Nudelwasser zu den Tomaten geben, die beiden geriebenen Käsesorten untermischen, dann **salzen** und **pfeffern.** Die Pasta abgießen, zur Tomatensauce geben, alles gut mischen und zu Ende garen. Den Peperoncino herausnehmen. • Die Pasta auf tiefe Teller verteilen, mit beiseitegestelltem geriebenem Käse bestreuen, mit etwas **Olivenöl** beträufeln und mit **Basilikum** garniert servieren.

TIPPS Falls du keine reifen Datteltomaten bekommst, kannst du alternativ 600 g San-Marzano-Tomaten aus der Dose verwenden. Wer möchte, kann die frischen Tomaten auch häuten.

TIMBALLO DI MELANZANE E PASTA

NUDELKUCHEN MIT AUBERGINE

ZUBEREITUNGSZEIT
60 Minuten plus
30–40 Minuten Backzeit

FÜR 6–8 PERSONEN
3–4 Auberginen (ca. 1 kg)
7–8 EL Olivenöl extra vergine
1 Knoblauchzehe
1 Zwiebel
100 g Kirschtomaten
4–5 Stängel glatte Petersilie
100 ml trockener Weißwein
Salz
schwarzer Pfeffer aus der Mühle
750 ml Passata (passierte Tomaten)
70 g Parmesan
500 g lange Maccheroni (alternativ Ziti oder Bucatini)
40 g Butter
100 g Semmelbrösel
100 g geriebener Mozzarella

Außerdem

Springform oder runde hohe Auflaufform (Ø 26 cm; alternativ hohe ofenfeste Pfanne)

frei von raffiniertem Zucker

ZUBEREITUNG Die **Auberginen** putzen, waschen, trocken tupfen und längs in 1 cm dicke Scheiben schneiden. Die Abschnitte würfeln und beiseitestellen. • 4–5 EL **Olivenöl** in einer Pfanne auf mittlerer Stufe erhitzen und die Auberginenscheiben darin portionsweise gut anbraten, dabei zwischendurch das restliche **Olivenöl** nachgießen. Die Auberginen auf Küchenpapier abtropfen lassen. • Inzwischen die **Knoblauchzehe** schälen. Die **Zwiebel** schälen und würfeln. Die **Kirschtomaten** waschen und halbieren. Die **Petersilie** abbrausen, trocken schütteln und hacken. • In derselben Pfanne die ganze Knoblauchzehe im Ölrest goldbraun anbraten und entfernen. Die Zwiebeln in die Pfanne geben und unter gelegentlichem Rühren 2–3 Minuten anbraten. Mit **Weißwein** ablöschen, Tomaten und beiseitegestellte Auberginenwürfel dazugeben, **salzen, pfeffern** und die Petersilie unterrühren. • Alles kurz anbraten, dann die **Passata** hinzugeben. Die Passata-Flasche etwa zur Hälfte mit Wasser füllen (etwa 360–380 ml Wasser), gut schütteln und die Flüssigkeit ebenfalls in die Pfanne geben. Die Sauce mindestens 30 Minuten köcheln lassen. • Inzwischen den **Parmesan** fein reiben. • Reichlich Wasser in einem großen Topf zum Kochen bringen und **salzen.** Die **Maccheroni** darin 5–6 Minuten kochen und in ein Sieb abgießen. • Inzwischen den Backofen auf 180 °C Ober-/Unterhitze vorheizen. • Die Backform mit 20 g **Butter** einfetten und mit 2 EL **Semmelbröseln** ausstreuen. Boden und Rand der Form so mit Auberginenscheiben auslegen, dass diese deutlich über den Rand ragen, dabei genügend Scheiben für die Oberfläche übrig lassen. • Die Maccheroni zur Sauce in die Pfanne geben und mischen, geriebenen **Mozzarella** und Parmesan unterrühren, alles in die Form geben und etwas andrücken. Die überhängenden Auberginen vom Rand über die Füllung klappen und die restlichen Auberginenscheiben auf der Oberfläche verteilen, sodass alles gut abgedeckt ist. • Mit restlichen **Semmelbröseln** bestreuen, die übrige **Butter** in Flöckchen darauf verteilen, in den vorgeheizten Ofen geben und 30–40 Minuten goldbraun backen. • Herausnehmen, kurz ruhen lassen und auf einen großen Teller stürzen.

RICETTA BASE DEGLI GNOCCHI

GNOCCHI-GRUNDREZEPT

ZUBEREITUNGSZEIT
30 Minuten plus
30 Minuten Ruhezeit und
20–25 Minuten Garzeit

ERGIBT CA. 1,2 KG (CA. 10 PORTIONEN)
1 kg festkochende Kartoffeln
Salz
300 g Weizenmehl tipo 00
2 Eier (Größe M)
Semola (Hartweizenmehl) zum Bestäuben

laktosefrei, frei von raffiniertem Zucker

ZUBEREITUNG Die **Kartoffeln** schälen, in einen Topf geben, knapp mit Wasser bedecken und aufkochen. Dann **salzen** und 20–25 Minuten gar kochen. • Das **Mehl** in eine große Schüssel sieben und in die Mitte eine Mulde drücken. Die Kartoffeln abgießen und noch heiß in die Mulde pressen. Die **Eier** mit etwas **Salz** verquirlen, über die Kartoffelmasse geben und alles zu einem geschmeidigen Teig kneten. Zu einer Kugel formen, in Frischhaltefolie wickeln und 30 Minuten bei Raumtemperatur ruhen lassen. • Den Gnocchi-Teig in mehrere, etwa gleich große Stücke teilen und zu langen, etwa 2 cm dicken Rollen formen. Diese in daumendicke Stücke schneiden und auf die mit **Semola** bestäubte Arbeitsfläche legen. Dann die Stücke über den Rücken einer Gabel abrollen, damit sie die typischen Gnocchi-Rillen bekommen. • Reichlich Wasser in einem großen Topf zum Kochen bringen und **salzen.** Die Gnocchi hineingeben und 2–3 Minuten garen, bis sie an der Oberfläche schwimmen, dann sind sie fertig. • Abgießen und, wie in den Rezepten (siehe Seiten 85 und 89) angegeben, weiterverarbeiten.

TIPPS Kartoffel-Gnocchi kann man gut einfrieren. Dazu nebeneinander auf ein mit Semola bestreutes Tablett legen und im Gefrierfach 1–2 Stunden vorgefrieren. Dann in eine Gefrierbox geben und einfrieren. Sie halten sich etwa 3 Monate. Die gefrorenen Gnocchi bei Bedarf direkt ins kochende Salzwasser geben und etwa 5 Minuten garen, bis sie an der Oberfläche schwimmen.

GNOCCHI IN SALSA DI SPINACI E GORGONZOLA

GNOCCHI IN SPINAT-GORGONZOLA-SAUCE

ZUBEREITUNGSZEIT
ca. 20 Minuten (ohne Gnocchi)

FÜR 4 PERSONEN
300 g Spinat
1 Knoblauchzehe
1 EL Olivenöl extra vergine
200 ml Milch (3,5 % Fett)
200 g Gorgonzola
Salz
schwarzer Pfeffer aus der Mühle
1–2 Prisen geriebene Muskatnuss
500 g Gnocchi (siehe Seite 82; alternativ Fertigprodukt)
1–2 EL geriebener Parmesan zum Bestreuen (nach Belieben)

frei von raffiniertem Zucker

ZUBEREITUNG Den **Spinat** gut waschen und grob hacken. Die **Knoblauchzehe** schälen und fein hacken. • Das **Olivenöl** in einer Pfanne erhitzen und den Knoblauch darin anbraten, bis er duftet. Den Spinat hinzufügen und kurz anbraten, bis er zusammenfällt. Vom Herd nehmen und beiseitestellen. • Die **Milch** in einem Topf erhitzen. Den **Gorgonzola** in kleine Stücke schneiden, in die Milch geben, unter Rühren schmelzen und die Sauce eindicken lassen. Mit **Salz, Pfeffer** und **Muskat** abschmecken. Dann den Spinat in die Sauce rühren. • In der Zwischenzeit reichlich Wasser in einem großen Topf zum Kochen bringen und **salzen.** Die **Gnocchi** hineingeben und 2–3 Minuten garen, bis sie an der Oberfläche schwimmen. Mit dem Schaumlöffel aus dem Wasser heben, direkt in die Sauce geben und alles gut miteinander mischen. • Die Gnocchi mit der Sauce auf Tellern anrichten und servieren. Nach Belieben mit **Parmesan** bestreuen.

VARIATIONEN **Gnocchi in Birne-Gorgonzola-Sauce mit Walnüssen:** Statt Spinat eine geschälte und klein gewürfelte Birne (250 g) in die Sauce geben, nachdem der Gorgonzola geschmolzen ist, und mitköcheln lassen. Wie oben angegeben fortfahren. **Gnocchi mit Radicchio-Gorgonzola-Sauce:** Statt Spinat einen Radicchio (250 g) in Blätter zerteilen, waschen, trocken schütteln, klein hacken und wie oben angegeben fortfahren.

MALFATTI DI BARBABIETOLA ROSSA

ROTE-BETE-KLÖSSCHEN

ZUBEREITUNGSZEIT
20 Minuten plus ca. 10 Minuten Garzeit und Abkühlzeit

FÜR 4 PERSONEN

Für die Malfatti

200 g Rote Beten
100 g Parmesan
150 g Ricotta
2 Eier (Größe M)
150 g Weizenmehl tipo 00
ca. 150 g Paniermehl
(nach Bedarf etwas mehr)
Salz
schwarzer Pfeffer aus der Mühle

Für die Sauce

1 EL Butter
1 Knoblauchzehe
80 g Parmesan
200 ml Milch (3,5 % Fett)
Salz
schwarzer Pfeffer aus der Mühle

frei von raffiniertem Zucker

ZUBEREITUNG Für die Malfatti die **Roten Beten** schälen (dabei am besten Küchenhandschuhe tragen, damit die Hände nicht verfärbt werden), grob in Stücke schneiden, in einen Topf geben, knapp mit Wasser bedecken, aufkochen und etwa 10 Minuten kochen, bis sie weich sind. Dann abgießen und abkühlen lassen. • Den **Parmesan** fein reiben. Die kalten Beten mit Parmesan, **Ricotta, Eiern, Mehl, Paniermehl,** etwas **Salz** und **Pfeffer** im Standmixer oder mit dem Stabmixer zu einer homogenen feinen Masse pürieren. Sollte die Masse zu weich sein, noch etwas **Paniermehl** unterheben. • Reichlich Wasser in einem großen Topf zum Kochen bringen und **salzen.** • Inzwischen aus der Rote-Bete-Masse mit angefeuchteten Händen kleine, etwas mehr als Gnocchi-große Kugeln formen, vorsichtig ins kochende Wasser geben und 5–7 Minuten köcheln lassen, bis die Malfatti an der Oberfläche schwimmen und gar sind. • Währenddessen für die Sauce die **Butter** in einem Topf zerlassen. Die **Knoblauchzehe** schälen, hacken und in der Butter anschwitzen. Inzwischen den **Parmesan** fein reiben. Die **Milch** in den Topf gießen, erhitzen, dann den Parmesan unter Rühren einarbeiten, bis eine sämige Sauce entsteht. Mit **Salz** und **Pfeffer** abschmecken. • Die gekochten Malfatti mit einem Schaumlöffel aus dem Wasser heben, auf vorgewärmte Teller verteilen, mit der Sauce beträufeln und servieren.

TIPP Zu den Malfatti passen als Topping auch geröstete Pinienkerne oder gehackte Walnüsse sehr gut.

GNOCCHI ALLA SORRENTINA

GNOCCHI-AUFLAUF AUS SORRENT

ZUBEREITUNGSZEIT
25 Minuten (ohne Gnocchi)
plus ca. 15 Minuten Backzeit

FÜR 4 PERSONEN
1 Knoblauchzehe
1 Handvoll Basilikumblätter
2 EL Olivenöl extra vergine plus etwas zum Einfetten
500 ml Passata (passierte Tomaten)
Salz
schwarzer Pfeffer aus der Mühle
250 g Mozzarella
50 g Parmesan (oder Pecorino)
500 g Gnocchi (siehe Seite 82; alternativ Fertigprodukt)

frei von raffiniertem Zucker

ZUBEREITUNG Die **Knoblauchzehe** schälen. Die **Basilikumblätter** abbrausen und trocken tupfen. Das **Olivenöl** in einem kleinen Topf erhitzen, die ganze Knoblauchzehe darin goldbraun anrösten und entfernen. Die **Passata** zum aromatisierten Öl geben, mit **Salz** und **Pfeffer** würzen, einige Basilikumblätter dazugeben und etwa 15 Minuten köcheln lassen. • Inzwischen den **Mozzarella** in dünne Scheiben schneiden, auf Küchenpapier legen und beiseitestellen. Den **Parmesan** fein reiben. • Den Backofen auf 180 °C Ober-/Unterhitze vorheizen. • Reichlich Wasser in einem großen Topf zum Kochen bringen, **salzen,** die **Gnocchi** hineingeben und 2–3 Minuten garen, bis sie an der Oberfläche schwimmen. In ein Sieb abgießen und abtropfen lassen. • Eine Auflaufform mit etwas **Olivenöl** einfetten und eine Schicht Gnocchi hineingeben. Darauf eine Schicht Mozzarella-Scheiben legen und mit einer Schicht Tomatensauce bedecken. Mit einigen Basilikumblättern und etwas geriebenem Parmesan bestreuen. Den Vorgang wiederholen, bis alle Zutaten aufgebraucht sind, dabei mit Sauce und Parmesan abschließen. • Die Auflaufform in den vorgeheizten Ofen (mittlere Schiene) geben und etwa 15 Minuten backen, bis der Mozzarella geschmolzen und die Oberfläche goldbraun ist. • Aus dem Ofen nehmen und aus der Auflaufform heiß servieren.

POLENTA-GNOCCHI MIT PFIFFERLINGEN UND SPINAT-KRÄUTER-SCHAUM

ZUBEREITUNGSZEIT
45 Minuten plus Abkühlzeit und 5 Minuten Garzeit und Abkühlzeit

FÜR 5–6 PERSONEN

Für die Polenta-Gnocchi

500 ml Milch (3,5 % Fett)
200 g Polenta (Instant-Maisgrieß)
400 g Weizenmehl tipo 00 plus etwas zum Bestäuben
3 Eigelb (Größe M)
60 ml Olivenöl extra vergine
1–2 Prisen geriebene Muskatnuss
Salz
schwarzer Pfeffer aus der Mühle
Semola rimacinata (Hartweizenmehl; alternativ fein gemahlener Hartweizengrieß) zum Bestäuben

Für die Spinat-Kräuter-Sauce

50 g Spinat
5 Bärlauchblätter (nach Belieben)
10 Basilikumblätter
1 junger Zweig Thymian
1 junger Zweig Majoran
1 junger Zweig Oregano
Salz
25 g Butter
schwarzer Pfeffer aus der Mühle

Für die Pilze

200 g Pfifferlinge
1 Schalotte
1 EL Butter

Zum Garnieren

Kräuterzweige nach Wahl (z. B. Thymian, Majoran oder Oregano)
einige Brotchips

ZUBEREITUNG Für die Polenta-Gnocchi die **Milch** mit 500 ml Wasser in einen Topf geben und aufkochen. Die **Polenta** einrühren und 5 Minuten köcheln lassen. Vom Herd nehmen und abkühlen lassen. • Das **Mehl** auf die Arbeitsfläche geben, die kalte Polenta durch eine Kartoffelpresse auf das Mehl drücken (alternativ ein feines Sieb verwenden). **Eigelbe, Öl, Muskat,** etwas **Salz** und **Pfeffer** dazugeben und alles zu einem Teig kneten. • Den Gnocchi-Teig in mehrere lange, etwa 2 cm dicke Rollen formen, 2–3 cm dicke Stücke davon abschneiden und über den Rücken einer Gabel abrollen, damit sie die typischen Gnocchi-Rillen bekommen. Auf der mit **Semola** bestreuten Arbeitsfläche kurz ruhen lassen. • Für die Spinat-Kräuter-Sauce den **Spinat** gut waschen, grob hacken und abtropfen

TIPP Wer keine jungen Kräuterzweige für die Sauce bekommt, entfernt die harten Zweige und verwendet nur die Blätter.

lassen. **Bärlauch** und **Basilikum** abbrausen und abtropfen lassen. **Thymian, Majoran** und **Oregano** abbrausen und trocken schütteln. • Inzwischen Wasser in einem Topf zum Kochen bringen und **salzen.** Eine Schüssel mit Eiswasser bereitstellen. Alle vorbereiteten Saucenzutaten in das kochende Salzwasser geben, kurz aufkochen lassen, abgießen und direkt ins Eiswasser geben. Kurz abkühlen lassen, dann in ein Sieb abgießen und wieder in den Topf geben. 50 ml Wasser und die **Butter** dazugeben, mit **Salz** und **Pfeffer** abschmecken und bei niedrigster Hitze warm halten. • Inzwischen für die Pilze die **Pfifferlinge** trocken säubern. Die **Schalotte** schälen und klein würfeln. Die **Butter** in einer Pfanne zerlassen und die Schalotten darin andünsten. Die Pilze dazugeben und auf mittlerer bis hoher Stufe 2–3 Minuten braten. • Parallel dazu reichlich Wasser in einem großen Topf zum Kochen bringen und **salzen.** Gnocchi in das kochende Salzwasser geben und 2–3 Minuten garen, bis sie an der Oberfläche schwimmen. Mit einem Schaumlöffel aus dem Kochwasser heben, direkt zu den Pilzen in die Pfanne geben und alles gut mischen. • Die Sauce mit dem Stabmixer schaumig mixen. • Gnocchi und Pilze auf Tellern anrichten, mit der warmen schaumigen Sauce beträufeln und mit **Kräutern** und **Brotchips** garnieren.

frei von raffiniertem Zucker

Polenta-Gnocchi mit Pfifferlingen und Spinat-Kräuter-Schaum

(Rezept siehe Seiten 90–91)

Familie Oberprantacher

RISOTTO E POLENTA

RISOTTO UND POLENTA

Während Asien den Großteil der Welt mit Reis beliefert, ist es vor allem Norditalien, das immer größere Teile Europas bedient. Hochwertige Sorten wie Riso baldo und Riso venere sowie viele Risotto-Reissorten werden im Piemont und in der Lombardei produziert. Kleinere und somit viel exklusivere Reisfelder werden in Norditalien schon seit vielen Jahren mit sehr großer Sorgfalt bewirtschaftet. Oftmals hat man sich dort auch von Experten aus Asien beraten lassen. Während im Piemont Risotto auf vielen Speisekarten eine wichtige Rolle spielt, kommt im Veneto und Friaul viel häufiger Polenta auf den Tisch.

RICETTA BASE DEL RISOTTO

RISOTTO-GRUNDREZEPT

ZUBEREITUNGSZEIT
35 Minuten plus
ca. 30 Minuten Garzeit

FÜR 4 PERSONEN

Für die Gemüsebrühe (ergibt ca. 1 l)

1 Bund Suppengrün
2 EL Olivenöl extra vergine
Salz

Für das Risotto

1 Zwiebel
2 EL Butter
320 g Risotto-Reis (z. B. Arborio- oder Carnaroli-Reis)
Salz
120 ml trockener Weißwein
50 g Parmesan
schwarzer Pfeffer aus der Mühle
einige Stängel Kräuter nach Wahl (z. B. Petersilie) zum Garnieren

glutenfrei, frei von raffiniertem Zucker

ZUBEREITUNG Für die Gemüsebrühe das **Suppengrün** putzen, waschen und klein schneiden. Das **Olivenöl** in einem Topf erhitzen und das Gemüse darin anrösten. Dann 1,5 Liter Wasser angießen und etwa 30 Minuten köcheln lassen. Nun mit **Salz** würzen, durch ein feines Sieb abgießen, die Brühe auffangen und heiß halten – die Menge sollte 1 Liter betragen. Die Siebrückstände entsorgen. • Für das Risotto die **Zwiebel** schälen und fein hacken. 1 EL **Butter** in einem Topf bei mittlerer Hitze zerlassen und die Zwiebeln darin glasig dünsten. Den **Reis** hinzufügen und etwa 2 Minuten rühren, bis die Körner mit Butter bedeckt und etwas angeröstet sind. Leicht **salzen,** mit **Wein** ablöschen und bei niedriger Hitze unter Rühren köcheln lassen, bis der Reis die Flüssigkeit aufgenommen hat. • Dann eine Kelle heiße Brühe in den Reis rühren und wieder einkochen lassen. Auf die gleiche Weise fortfahren, bis die Brühe verbraucht und der Reis gar, aber noch bissfest ist. Das kann insgesamt bis zu 25 Minuten dauern. • Den **Parmesan** fein reiben und zum Reis geben. Die restliche **Butter** unterrühren und mit **Salz** und **Pfeffer** abschmecken. • Das Risotto vom Herd nehmen, den Deckel auflegen und etwa 2 Minuten ruhen lassen. Die **Kräuter** waschen, trocken schütteln und hacken. • Zum Servieren das Risotto auf Tellern anrichten und mit den Kräutern garnieren.

RISOTTO DI SPINACI CON UOVO

SPINAT-RISOTTO MIT POCHIERTEM EI

ZUBEREITUNGSZEIT
35–40 Minuten (ohne Brühe)

FÜR 4 PERSONEN
200 g Babyspinat
1 Zwiebel
1 l Gemüsebrühe (siehe Seite 96; alternativ Fertigprodukt)
1–2 EL Olivenöl extra vergine
320 g Risotto-Reis (z. B. Arborio- oder Carnaroli-Reis)
100 ml Weißwein
60 g Parmesan
1 EL Butter
Salz
schwarzer Pfeffer aus der Mühle
4 Eier (Größe M)

glutenfrei, frei von raffiniertem Zucker

ZUBEREITUNG Den **Spinat** waschen und abtropfen lassen. Die **Zwiebel** schälen und hacken. Die **Gemüsebrühe** in einem Topf erhitzen und warm halten. • Das **Olivenöl** in einem großen Topf erhitzen und die Zwiebeln darin glasig dünsten. Den **Risotto-Reis** hinzufügen und unter Rühren anschwitzen. Mit dem **Weißwein** ablöschen und unter ständigem Rühren einkochen lassen. Nach und nach die Gemüsebrühe kellenweise hinzufügen und unter konstantem Rühren immer wieder einkochen lassen. Das kann insgesamt bis zu 25 Minuten dauern. • Inzwischen den **Parmesan** fein reiben und 1 EL davon zum Garnieren beiseitestellen. • Wenn die Brühe verbraucht ist, den Spinat unterrühren und zusammenfallen lassen. Parmesan und **Butter** unterrühren und mit **Salz** und **Pfeffer** abschmecken. • Inzwischen Wasser in einem Topf zum Kochen bringen, die **Eier** aufschlagen, vorsichtig einzeln in das kochende Wasser gleiten lassen und 3–4 Minuten pochieren, bis das Eiweiß gestockt, aber das Eigelb noch flüssig ist. • Das Risotto auf Teller verteilen und jeweils ein pochiertes Ei daraufsetzen. Mit dem beiseitegestellten Parmesan bestreuen und servieren.

GNOCCHI, POLENTA, PASTA UND REIS

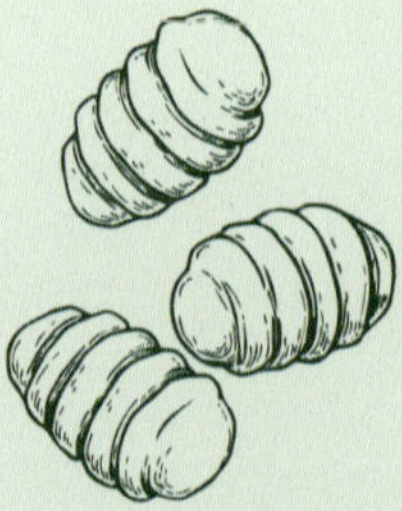

Gnocchi Gnocchi gelten in Italien eigentlich als Pasta und werden oft zu besonderen Anlässen oder Festtagen serviert. Sie stammen ursprünglich aus Norditalien, insbesondere aus den Regionen Lombardei und Piemont. Die Basis bilden Kartoffeln, Mehl und Eier. Aber es gibt verschiedene Gnocchi-Varianten, darunter auch solche ohne Kartoffeln, die aus Ricotta, Semmelbröseln, Spinat oder Kürbis hergestellt werden.

In der Regel werden sie von Hand geformt und haben eine weiche und zarte Konsistenz.

Gnocchi können auf verschiedene Arten zubereitet werden, zum Beispiel in Tomatensauce, mit Pesto oder mit Butter und Salbei. Beliebt sind sie auch gebraten oder gratiniert. In der Emilia-Romagna kombiniert man sie gern auch mit einem Ragù.

Zu den bekanntesten traditionellen Gnocchi-Rezepten gehören Gnocchi alla Sorrentina (mit Tomatensauce und Mozzarella überbacken), Gnocchi di patate (mit Kartoffeln) und Gnocchi alla Romana (aus Grieß mit Käse überbacken).

Polenta Polenta ist ein traditionelles Gericht, das seit Jahrhunderten in Italien bekannt ist und für lange Zeit ein Grundnahrungsmittel für die Bevölkerung darstellte. Sie wird aus Maismehl gemacht und ist in verschiedenen Regionen Italiens verbreitet. Besonders beliebt ist Polenta in Norditalien, insbesondere in der Lombardei, im Veneto und in der Emilia-Romagna.

Früher wurde Polenta über einem offenen Feuer in einem großen Topf gerührt, heute wird sie überwiegend auf dem Herd oder im Backofen zubereitet.

Polenta kann als Brei oder zu einem festen Teig geformt verwendet werden. Gebraten oder gebacken serviert, ist sie eine vielseitige Beilage zu Fleisch, Gemüse oder Käse. In manchen Regionen werden aus Polenta auch Süßspeisen oder Kuchen zubereitet.

Zu den traditionellen Polenta-Gerichten gehören Polenta con sugo, Polenta taragna und Polenta pasticciata. Im Friaul serviert man Polenta mit einer Sauce aus Butter und Käse. Hervorragend sind vor allem im

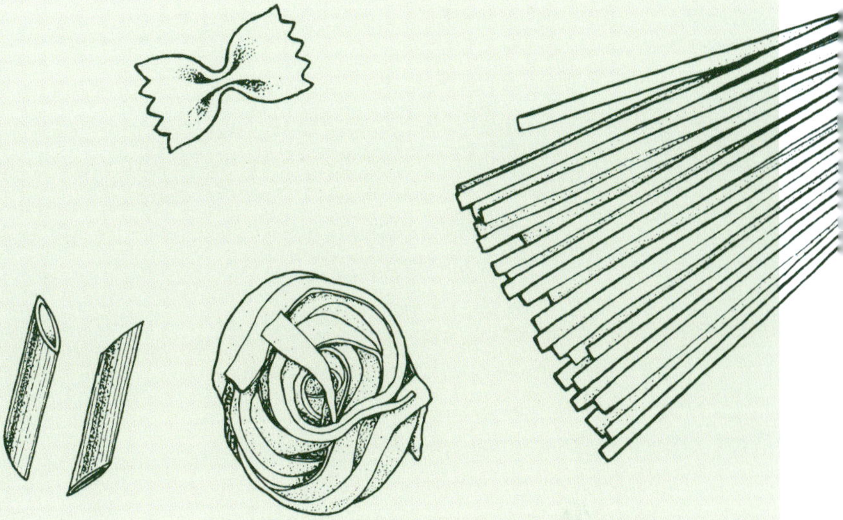

Herbst Polenta-Gerichte mit verschiedenen Waldpilzen.

Pasta Heute gibt es in Italien über 300 Nudelsorten aller möglichen Formen und Farben. Ob trocken, kurz, lang, glatt, gerillt oder gefüllt: Die Auswahl ist schier unerschöpflich. Eine Vielfalt, die den immensen Reichtum des kulinarischen Erbes Italiens bezeugt und in der Lage ist, Geschichte und Innovation, Tradition und Kreativität eines der beliebtesten Produkte der Welt zu vereinen. Die unterschiedlichen Formen sind aber nicht nur das Ergebnis der Fantasie, die Auswahl der richtigen Sorte hängt vielmehr auch immer mit der Konsistenz der Sauce zusammen, mit der sie kombiniert wird.

Ganz grob kann man zunächst zwischen langen und kurzen Nudeln unterscheiden. Diese wiederum lassen sich jeweils noch mal in diverse Varianten unterteilen. Zu den langen Nudeln zählen sowohl solche mit breiter Fläche wie Lasagne, Reginette oder Pappardelle als auch Nudeln mit schmaler Fläche wie Capellini, Tagliolini oder Fettuccine. Es gibt solche mit rechteckigem oder linsenförmigem Querschnit wie Trenette und Linguine oder rundem Abschnitt wie Spaghetti. Auch den perforierten Querschnitt findet man, beispielsweise bei den Bucatini.

Zu den kurzen Nudeln zählen die kleinen Sorten wie Quadrucci, Stelline und Ditalini, die gern als Suppeneinlage verwendet werden. Etwas größer sind Conchiglie und Orecchiette. Zu den bekanntesten Vertretern der langen (kurzen) Version gehören Rigatoni und Fusilli. Großer Beliebtheit, auch über Italiens Grenzen hinaus, erfreuen sich die gefüllten Varianten, zum Beispiel Ravioli, Tortellini oder auch Agnolotti.

Mindestens genauso wichtig wie die Form der Pasta ist die Beschaffenheit ihrer Oberfläche. Sie muss zwingend mit der Sauce harmonieren, mit der sie kombiniert wird. So werden lange glatte Nudeln wie Spaghetti bevorzugt mit leichten Saucen serviert. Die klassische Tomatensauce zählt dazu oder auch Aglio e olio. Ist die Oberfläche der

Nudel rau und pörös, kann sie sich besonders gut mit der Sauce verbinden. Je dicker und stückiger die Pasta-Sauce, desto größer sollte die Oberfläche der ausgewählten Nudelsorte sein. Gerillte und gebogene Formen unterstützen den Effekt noch, möglichst viel von der Sauce aufzunehmen.

Reis Reis kennt man in Italien bereits seit über 500 Jahren. Der Anbau stellt einen wichtigen Teil der landwirtschaftlichen und kulinarischen Tradition des Landes dar. Etwa 80 Prozent der Anbaufläche finden sich in der Lombardei, entlang der Po-Ebene. Hier findet man eine Vielzahl von Reissorten, die aufgrund des fruchtbaren Bodens und des milden Klimas optimal gedeihen. Gespeist vom Wasser aus den Alpen, werden dort jährlich etwa 1,5 Millionen Tonnen Reis produziert. Für asiatische Verhältnisse sicherlich ein Klacks, im europäischen Vergleich jedoch ein Spitzenplatz. Dennoch spricht nicht die Quantität, sondern vor allem die Qualität von italienischem Reis für sich. Italien hat den Ruf, hochwertigen Reis zu produzieren, der für seine Konsistenz, seinen Geschmack und seine Fähigkeit, Aromen aufzunehmen, geschätzt wird. Zu den wichtigsten Vertretern dieser Eigenschaften gehört der Arborio-Reis. Ebenfalls sehr beliebt ist der Carnaroli-Reis, der für seine gleichmäßige Kochzeit und seine cremige Konsistenz geschätzt wird. Weitere wichtige Sorten sind der Vialone nano und der Riso baldo, einem Langkornreis ähnlich, dem Basmati- oder Jasminreis. Baldo ist eine sehr beliebte Sorte in der Lombardei und dem Piemont, die hierzulande leider noch recht unbekannt ist.

Eine weitere regionale Besonderheit ist der sogenannte Riserva oder superfeine Reis, der im Piemont angebaut wird. Dieser Reis zeichnet sich durch seine lange Reiskornform und seine Fähigkeit aus, große Mengen an Flüssigkeit aufzunehmen, wodurch er besonders für Risotto-Gerichte geeignet ist.

Ein Vorteil von italienischen Reis gegenüber der Konkurrenz aus dem Fernen Osten sind sicherlich die strengeren Anbaurichtlinien und die kürzeren Transportwege, die dazu beitragen, die Umweltbelastung zu reduzieren und die Biodiversität zu schützen. Ein wichtiger Punkt, wenn es um Nachhaltigkeit und Klimaschutz geht.

Italienische Reissorten können in der Küche vielfältig verarbeitet werden. Neben Risotto in allen Variationen eignen sie sich hervorragend für Reissalate, als klassische Beilage oder sogar als Dessert.

Ist man in Italien krank, bekommt man automatisch eine Suppe mit Reis. Auch die Streetfood-Welt haben sie erobert. Das wohl bekannteste Beispiel sind die Arancini aus Sizilien.

‹‹ Handgemachte Pasta in der Emilia-Romagna

︾ Signore Paolo Salvadori

︽ Typische Trofie al pesto genovese

‹‹ Eine Gasse in Genua

RISOTTO ALLA ZUCCA CON TALEGGIO

KÜRBIS-RISOTTO MIT TALEGGIO

ZUBEREITUNGSZEIT
40 Minuten (ohne Brühe)

FÜR 4 PERSONEN
1 kleiner Hokkaido-Kürbis (ca. 800 g)
1–2 EL Olivenöl extra vergine plus nach Belieben etwas zum Beträufeln
Salz
1 l Gemüsebrühe (siehe Seite 96; alternativ Fertigprodukt)
1 Zwiebel
200 g Taleggio (oder Gorgonzola dolce)
einige Stängel Kräuter nach Wahl (z. B. glatte Petersilie oder Schnittlauch)
60 g Butter
320 g Risotto-Reis (z. B. Arborio- oder Carnaroli-Reis)
120 ml trockener Weißwein
schwarzer Pfeffer aus der Mühle

glutenfrei, frei von raffiniertem Zucker

ZUBEREITUNG Den **Kürbis** halbieren, entkernen, schälen und grob in Stücke schneiden. Das **Olivenöl** in einem Topf erhitzen, den Kürbis hineingeben, den Deckel auflegen und bei niedriger Hitze 25 Minuten dünsten. Dann mit **Salz** würzen, mit dem Stabmixer fein pürieren und beiseitestellen. • Inzwischen die **Gemüsebrühe** in einem Topf erhitzen und warm halten. Die **Zwiebel** schälen und fein hacken. Den **Taleggio** in Würfel schneiden. Die **Kräuter** abbrausen, trocken schütteln und hacken. • Die **Butter** in einem Topf zerlassen und die Zwiebeln darin dünsten. Den **Reis** hinzufügen und unter Rühren anrösten. Mit dem **Weißwein** ablöschen und unter ständigem Rühren den Wein verkochen lassen. • Nach und nach die Gemüsebrühe kellenweise zum Reis geben und verkochen lassen, dabei das Risotto immer leicht flüssig halten, bis es al dente ist. Das kann insgesamt bis zu 25 Minuten dauern, dabei nach etwa 15 Minuten den pürierten Kürbis unter das Risotto rühren. Den Taleggio hinzugeben und rühren, bis alles cremig wird. Mit **Salz** und **Pfeffer** abschmecken und auf Teller verteilen. Nach Belieben mit etwas gutem **Olivenöl** beträufeln und mit Kräutern toppen.

TIPP Der Kürbis sollte nicht größer als die angegebenen 800 g sein, da sonst die Mengenverhältnisse nicht ausgewogen sind.

RISOTTO AI FUNGHI

PILZ-RISOTTO

ZUBEREITUNGSZEIT
45 Minuten (ohne Brühe)

FÜR 4 PERSONEN
1 Zwiebel
ca. 600 g Pilze der Saison
60 g Butter
Salz
schwarzer Pfeffer aus der Mühle
1 l Gemüsebrühe (siehe Seite 96; alternativ Fertigprodukt)
320 g Risotto-Reis (z. B. Arborio- oder Carnaroli-Reis)
120 ml trockener Weißwein
100 g Grana Padano
einige Stängel Kräuter nach Wahl (z. B. glatte Petersilie oder Schnittlauch)

glutenfrei, frei von raffiniertem Zucker

ZUBEREITUNG Die **Zwiebel** schälen und fein hacken. Die **Pilze** mit Küchenpapier oder einem Küchenpinsel trocken säubern und grob in Stücke schneiden. • 50 g **Butter** in einer Pfanne auf mittlerer Stufe erhitzen und die Zwiebeln darin glasig dünsten. Die Hitze erhöhen, die Pilze hineingeben und gut anbraten. Mit **Salz** und **Pfeffer** würzen und beiseitestellen. • Die **Gemüsebrühe** in einem Topf erhitzen und warm halten. • Den **Reis** in einem Topf ohne Fett kurz anrösten, dann mit dem **Weißwein** ablöschen und unter ständigem Rühren verkochen lassen. Nach und nach die Gemüsebrühe kellenweise zum Reis geben, dabei das Risotto immer leicht flüssig halten, bis es al dente ist. Das kann insgesamt bis zu 25 Minuten dauern, dabei nach etwa 15 Minuten die Hälfte der angebratenen Pilze unterrühren. • Inzwischen den **Grana Padano** reiben und mit der restlichen **Butter** unter das Risotto rühren. Mit **Salz** und **Pfeffer** abschmecken. • Die **Kräuter** abbrausen, trocken schütteln und hacken. Die restlichen Pilze noch mal erwärmen. Das Risotto auf Teller verteilen, mit den heißen Pilzen toppen und mit den Kräutern garniert servieren.

RISOTTO AL POMODORO CON STRACCIATELLA

TOMATEN-RISOTTO MIT BURRATA-STRACCIATELLA

ZUBEREITUNGSZEIT
ca. 35 Minuten (ohne Brühe)

FÜR 4 PERSONEN

1 l Gemüsebrühe (siehe Seite 96; alternativ Fertigprodukt)
1 weiße Zwiebel
4 EL Olivenöl extra vergine
1 EL Tomatenmark
350 g Arborio-Reis (oder ein anderer Risotto-Reis)
120 ml trockener Weißwein
1 Dose San-Marzano-Tomaten (400 g; alternativ geschälte Tomaten aus der Dose)
15 g frisches Basilikum
20 g Parmesan (oder Grana Padano)
Salz
schwarzer Pfeffer aus der Mühle
20 g Butter
100 g Stracciatella di burrata

Außerdem

flotte Lotte (falls vorhanden)

glutenfrei, frei von raffiniertem Zucker

ZUBEREITUNG Die **Gemüsebrühe** in einem Topf erhitzen und warm halten. • Die **Zwiebel** schälen und in feine Würfel schneiden. 2 EL **Olivenöl** in einer Pfanne erhitzen und die Zwiebeln darin glasig dünsten. **Tomatenmark** und **Risotto-Reis** dazugeben, gut mischen und anrösten. Mit dem **Weißwein** ablöschen und verkochen lassen. Nach und nach die Gemüsebrühe kellenweise einrühren und einkochen lassen, das dauert 15–20 Minuten, dabei das Risotto immer recht flüssig halten. • Inzwischen die **Dosentomaten** durch eine flotte Lotte passieren (alternativ mit den Händen zerdrücken und die groben Stücke entfernen). Das **Basilikum** abbrausen, trocken schütteln und die Blätter abzupfen. Den **Parmesan** fein reiben. • Die passierten Dosentomaten in das Risotto rühren. Einige Basilikumblätter dazugeben, mit **Salz** und **Pfeffer** würzen und köcheln lassen, bis der Reis den Geschmack der Tomaten richtig aufgenommen hat. Zum Schluss Parmesan und **Butter** unterrühren. • Das Risotto auf Teller verteilen, die **Burrata-Stracciatella** zerteilen, darübergeben und mit dem restlichen Basilikum garnieren.

TIPP Arancini gelten in Sizilien als das Streetfood schlechthin. Keine Bar oder Rosticceria (Imbiss), die diese Spezialität nicht anbietet. Man bekommt einen Arancino mit Papier umhüllt zum Essen auf die Hand. Zu Hause passt dazu ein Tomatensalat oder grüner Salat. Nicht mehr als ein oder zwei Arancini ins heiße Öl geben, sonst sinkt die Öltemperatur zu schnell ab und das Frittierergebnis wird nicht optimal.

ARANCINI

GEFÜLLTE FRITTIERTE REISBÄLLCHEN

ZUBEREITUNGSZEIT
ca. 60 Minuten (ohne Brühe)
plus Abtropfzeit über Nacht

ERGIBT 10–12 STÜCK

Für die Füllung

1 Kugel Mozzarella (250 g)
500 g Spinat
Salz

Für den Reismantel

1,5 l Gemüsebrühe
(siehe Seite 96; alternativ Fertigprodukt)
1 kleine Pck. Safranfäden (0,1 g)
1 kleine Zwiebel
100 g geriebener Hartkäse (z. B. Parmesan oder Grana Padano)
1 EL Olivenöl extra vergine
500 g Vialone-Risotto-Reis
(oder anderer Risotto-Reis)
50 g Butter
Salz
schwarzer Pfeffer aus der Mühle

Zum Panieren und Frittieren

2 Eier (Größe M)
Salz
ca. 60 g Weizenmehl tipo 00
ca. 80 g Paniermehl
ca. 2 l Sonnenblumenöl

frei von raffiniertem Zucker

ZUBEREITUNG Am Vorabend für die Füllung den **Mozzarella** in kleine Würfel schneiden, auf einen mit Küchenpapier ausgelegten Teller legen und über Nacht im Kühlschrank abtropfen lassen. • Am nächsten Tag für den Reismantel die **Gemüsebrühe** aufkochen und den **Safran** darin auflösen. Die **Zwiebel** schälen und fein würfeln. Den **Käse** fein reiben. • Das **Olivenöl** in einen Topf geben, die Zwiebeln mit dem **Reis** hineingeben und leicht anrösten. Mit etwas heißer Safran-Gemüsebrühe ablöschen, kurz einkochen lassen, dann kellenweise Brühe einrühren und wieder einkochen, bis die Brühe verbraucht und das Risotto kompakt ist, damit man es formen kann. Das kann insgesamt bis zu 25 Minuten dauern. Käse und **Butter** einrühren, mit **Salz** und **Pfeffer** abschmecken und das Risotto auf einem großen Teller ausstreichen. • Parallel dazu für die Füllung den **Spinat** waschen, tropfnass in einen großen Topf geben, mit **Salz** bestreuen, den Deckel auflegen und bei niedriger Hitze 5–7 Minuten garen, bis er zusammengefallen ist. In ein Sieb geben, abtropfen und abkühlen lassen, dann gut ausdrücken, fein hacken und noch mal gut ausdrücken. • Für das Panieren die **Eier** mit etwas **Salz** in einer Schale verquirlen. Das **Mehl** in eine zweite Schale und das **Paniermehl** in eine dritte Schale füllen. • Das **Sonnenblumenöl** in einem hohen Topf oder einer Fritteuse auf 170 °C erhitzen. 3–4 EL abgekühlten Reis in die Handfläche legen und zu einem Kreis drücken, etwa 1 EL Mozzarellawürfel und etwa 1 EL gehackten Spinat darauflegen und vorsichtig zu einer Kugel formen. Das Bällchen erst im Mehl, dann im Ei und zum Schluss im Paniermehl wenden, sodass es vollständig damit überzogen ist. Auf die gleiche Weise die restlichen Zutaten verarbeiten (es sollten zehn bis zwölf Stück entstehen) und die Arancini im heißen Öl einzeln (oder maximal zwei) goldbraun frittieren. Auf Küchenpapier abtropfen lassen und genießen.

SUPPLÌ ALLA ROMANA

FRITTIERTE REISKROKETTEN AUF RÖMISCHE ART

ZUBEREITUNGSZEIT
ca. 60 Minuten (ohne Brühe) plus Abtropfzeit über Nacht und Einweichzeit

ERGIBT CA. 20 STÜCK

Für Füllung und Reismantel

2 Kugeln Mozzarella (à 125 g)
50 g getrocknete Pilze nach Wahl
1 kleine Zwiebel
1–2 EL Olivenöl extra vergine
100 ml trockener Weißwein
Salz
schwarzer Pfeffer aus der Mühle
400 ml Passata (passierte Tomaten)
1 l Gemüsebrühe (siehe Seite 96; alternativ Fertigprodukt)
500 g Risotto-Reis (z. B. Arborio- oder Carnaroli-Reis)
120 g Grana Padano
80 g Butter

Zum Panieren und Frittieren

4 Eier (Größe M)
ca. 80 g Paniermehl
ca. 2 l Sonnenblumenöl

frei von raffiniertem Zucker

ZUBEREITUNG Für die Füllung den **Mozzarella** abtropfen lassen, in je zehn Stäbchen schneiden, auf einen mit einer doppelten Lage Küchenpapier ausgelegten Teller legen und über Nacht in den Kühlschrank stellen. • Am nächsten Tag für den Reismantel die **Pilze** in eine Schale geben, mit heißem Wasser bedecken und etwa 30 Minuten einweichen lassen. Dann abgießen, abtropfen lassen und fein hacken. • Die **Zwiebel** schälen und fein würfeln. Das **Olivenöl** in einer Pfanne erhitzen und die Zwiebeln darin glasig dünsten. Mit dem **Weißwein** ablöschen, mit **Salz** und **Pfeffer** würzen, die **Passata** dazugeben und etwa 10 Minuten köcheln lassen. • Die **Gemüsebrühe** in einem Topf erhitzen und warm halten. • Den **Reis** einrühren, nach und nach die Gemüsebrühe kellenweise dazugeben und einkochen lassen, bis das Risotto bissfest und kompakt ist, damit man es formen kann. Das kann insgesamt bis zu 25 Minuten dauern. • Den **Grana Padano** fein reiben und mit den Pilzen und der **Butter** in das Risotto rühren. Die Masse auf eine Platte geben, ausstreichen und abkühlen lassen. • Für das Panieren die **Eier** in einer Schale verquirlen. Das **Paniermehl** in eine andere Schale füllen. Das **Sonnenblumenöl** in einem hohen Topf oder einer Fritteuse auf 170 °C erhitzen. • 2–3 EL abgekühlten Reis in die Handfläche legen und zu einem Oval drücken, ein Mozzarella-Stäbchen darauflegen, mit dem Reis umschließen und vorsichtig zu einer eiförmigen Krokette formen. Erst im Ei wenden, dann im Paniermehl wälzen, sodass die Krokette rundum paniert ist. Auf die gleiche Weise die restlichen Zutaten verarbeiten und die Supplì portionsweise (bis drei Stück) im heißen Öl goldbraun frittieren. Auf Küchenpapier abtropfen lassen und genießen.

TIPP Supplì sind in Rom ein beliebtes Streetfood, das man auf die Hand bekommt. Wenn du Reiskroketten zu Hause servierst, passt ein grüner oder gemischter Salat gut dazu.

RICETTA BASE DELLA POLENTA

POLENTA-GRUNDREZEPT

ZUBEREITUNGSZEIT
ca. 25 Minuten

FÜR 4 PERSONEN

1 TL Salz
250 g Polenta (Instant-Maisgrieß)
50 g Butter
50 g Parmesan

glutenfrei, frei von raffiniertem Zucker

ZUBEREITUNG 1 Liter Wasser in einem großen Topf zum Kochen bringen, **salzen** und die **Polenta** langsam einrieseln lassen und mit einem Schneebesen einrühren, dabei darauf achten, dass keine Klumpen entstehen. Die Hitze reduzieren und die Polenta mit einem Holzkochlöffel unter ständigem Rühren etwa 20 Minuten köcheln lassen, bis sie dick und cremig ist. • 10 Minuten vor Ende der Garzeit die **Butter** in Stücke schneiden und gut einrühren, bis sie vollständig geschmolzen ist. • Den **Parmesan** fein reiben, ebenfalls gut unterrühren, bis der Käse geschmolzen ist und sich gleichmäßig verteilt hat. Wichtig ist, dass die Grießkörner gut aufgegangen sind und die Polenta eine cremige Konsistenz hat. Sofort servieren, solange sie noch heiß ist.

TIPP Die Polenta kann als Beilage zu Gemüse oder als eigenständiges Gericht serviert werden.

POLENTA AI FUNGHI PORCINI

STEINPILZ-POLENTA

ZUBEREITUNGSZEIT
ca. 10 Minuten (ohne Brühe) plus ca. 30 Minuten Einweichzeit und ca. 35 Minuten Garzeit

FÜR 4 PERSONEN
50 g getrocknete Steinpilze
500 ml Gemüsebrühe (siehe Seite 96; alternativ Fertigprodukt)
1 Zwiebel
2 Knoblauchzehen
2 EL Olivenöl extra vergine
200 g Polenta (Instant-Maisgrieß)
50 g kalte Butter
50 g Parmesan
Salz
schwarzer Pfeffer aus der Mühle
4–5 Stängel glatte Petersilie

glutenfrei, frei von raffiniertem Zucker

ZUBEREITUNG Die **Pilze** in eine Schale geben, mit heißem Wasser bedecken und etwa 30 Minuten einweichen lassen. Dann abgießen, das Einweichwasser dabei auffangen, die Pilze grob hacken und beiseitestellen. • Die **Gemüsebrühe** in einem Topf aufkochen und warm halten. • **Zwiebel** und **Knoblauchzehen** schälen und fein hacken. Das **Olivenöl** in einem Topf erhitzen, Zwiebeln und Knoblauch darin glasig anbraten. Die **Polenta** hinzufügen und unter ständigem Rühren anschwitzen, bis der Grieß leicht gebräunt ist. • Die gehackten Steinpilze dazugeben und kurz mit anrösten. Mit der heißen Gemüsebrühe ablöschen und das Einweichwasser der Steinpilze hinzufügen. Zum Kochen bringen, die Hitze auf mittlere Stufe reduzieren und etwa 35 Minuten unter gelegentlichem Rühren köcheln lassen, bis die Polenta eine cremige Konsistenz hat, dabei nach 25 Minuten die **Butter** einrühren. • Den **Parmesan** fein reiben, unterrühren und mit **Salz** und **Pfeffer** würzen. • Die **Petersilie** abbrausen, trocken schütteln und hacken. Die Steinpilz-Polenta in Schalen geben und mit Petersilie garniert servieren.

PIZZA, TORTA SALATA E FRITTATA

PIZZA, HERZHAFTE TARTE UND FRITTATA

Die italienische Pizza hat schon vor vielen Jahren die Welt erobert. Jetzt erlebt sie eine absolute Renaissance und wird vom typischen Fast Food zur trendigen Szenespeise. Die meisten Pizzerien servieren heute eine edle Pizza napoletana mit besonderen Zutaten. „Torta salata" lässt uns an etwas vollkommen anderes denken, als es ist. Denn dabei handelt es sich nicht um eine Torte, sondern um einen herzhaften Kuchen mit unterschiedlichen Zutaten. Eine Frittata könnte man zwar als einfaches Omelett bezeichnen, doch auch hiervon haben die Italiener von Region zu Region eine andere Vorstellung. Frittierte Pasta spielt dabei genauso eine Rolle wie ein gefülltes Omelett mit Kräutern und Frischkäse.

Tropea in Kalabrien

Unterwegs in Venedig

⌃ Eine besondere Zwiebelsorte in Modena

IMPASTO BASE DELLA PIZZA

PIZZA-GRUNDTEIG

ZUBEREITUNGSZEIT
ca. 20 Minuten plus
mind. 21 Stunden Ruhezeit

FÜR 6 PIZZA-TEIGKUGELN (À CA. 275 G)

Für den Teig

1 kg Pizzamehl tipo 0 oder 00 (mind. 12 % Proteingehalt)
5 g frische Hefe
30 g Salz
625 ml kaltes Wasser, 60 Minuten in den Kühlschrank gestellt
Olivenöl extra vergine

Außerdem

Küchenmaschine

vegan, laktosefrei, frei von raffiniertem Zucker

ZUBEREITUNG Für den Teig das **Mehl** in die Rührschüssel der Küchenmaschine geben, die **Hefe** darüberbröseln und mischen. Die Küchenmaschine auf mittlerer Stufe starten, das kalte Wasser bis auf 50 ml nach und nach hinzugießen und mit dem Knethaken einarbeiten. Dieser Vorgang sollte etwa 10 Minuten dauern. Erst dann das **Salz** und das übrige Wasser in den Teig geben. (Alternativ die Zutaten in einer großen Schüssel mit einem Kochlöffel oder Silikonspatel mischen, dann auf die Arbeitsfläche geben und etwa 10 Minuten kneten. Zum Schluss erst Salz, dann das restliche Wasser einarbeiten.) • Die Arbeitsfläche mit **Olivenöl** einreiben (kein Mehl verwenden), den Teig daraufstürzen, mit etwas **Olivenöl** einreiben, mit Frischhaltefolie abdecken und 60 Minuten ruhen lassen. • Den Teig in sechs gleich große Stücke (à etwa 275 g) teilen, die Hände **einölen** und die Teigstücke zu Kugeln formen. Dann in sechs leicht **eingeölte** runde Frischhaltedosen geben, die Deckel aufsetzen und im Kühlschrank mindestens 20 Stunden (maximal 48 Stunden) reifen lassen. • Die Behälter mit den Teigkugeln aus dem Kühlschrank nehmen und 2–3 Stunden Temperatur annehmen lassen. Sie sind dann bereit zur Weiterverarbeitung.

TIPP Falls du keine sechs runden Frischhaltedosen hast, kannst du die Teigkugeln nebeneinander in große Frischhalteboxen oder eine große Auflaufform legen und abdecken.

PIZZA MARGHERITA

ZUBEREITUNGSZEIT
10 Minuten (ohne Teig und Sauce) plus 10–11 Minuten

FÜR 1 PIZZA
- reichlich Semola rimacinata (Hartweizenmehl; alternativ fein gemahlener Hartweizengrieß) zum Teigformen
- 1 Pizzateigkugel (ca. 275 g), falls gekühlt, 2–3 Stunden vorher aus dem Kühlschrank genommen
- 80 ml Tomatensauce (siehe Seite 129)
- 10–15 g Parmesan
- 8–10 Basilikumblätter
- 100 g Fior-di-latte-Mozzarella (alternativ gewöhnlicher Mozzarella)
- ca. 1–2 EL Olivenöl extra vergine plus etwas zum Bestreichen

Außerdem
- Pizzastein oder -stahl (siehe Tipp)
- Pizzaschieber

frei von raffiniertem Zucker

ZUBEREITUNG Den Backofen auf mindestens 250 °C Ober-/Unterhitze vorheizen, dabei den Gitterrost auf der untersten Schiene platzieren und den Pizzastein oder -stahl einsetzen. • **Semola** in eine große Schüssel geben und die **Teigkugel** darin wenden, damit der Teig nicht mehr anhaftet. Dann mit der Innenfläche der Finger die Luft vorsichtig von innen nach außen in den Rand drücken, sodass ein 25–30 cm (Ø) großer Pizzateigboden entsteht, dabei einen Rand von 1–2 cm lassen. • Die **Tomatensauce** in kreisenden Bewegungen auf dem Teigboden verteilen, den Rand dabei frei lassen. Die Pizza mit beiden Händen auf den leicht mit **Semola** bestreuten Pizzaschieber ziehen, vorsichtig auf den Pizzastein im vorgeheizten Ofen schieben und etwa 5 Minuten backen. • Inzwischen den **Parmesan** fein reiben. **Basilikumblätter** abbrausen und trocken tupfen. Den **Mozzarella** erst in etwa 1 cm dicke Scheiben, diese dann in gleich breite Stäbchen schneiden. • Die vorgebackene Pizza mit dem Schieber wieder herausnehmen, schnell mit Parmesan bestreuen, vier bis fünf Basilikumblätter und Mozzarella darüber verteilen und das **Olivenöl** darüberträufeln. Den Gitterrost mit dem Pizzastein auf der obersten Schiene platzieren, die Pizza wieder daraufgeben und noch 5–6 Minuten fertig backen. • Aus dem Ofen nehmen, die Pizza mit restlichem Basilikum belegen, den Rand mit etwas **Olivenöl** bestreichen und genießen.

WEITERE PIZZASORTEN Nach dem Vorbacken mit der Tomatensauce kannst du die Pizza auch anders belegen. In angegebener Reihenfolge belegen, bestreuen oder beträufeln:
Pizza marinara – Pizza mit Knoblauch und Oregano: Beim Vorbacken etwas mehr Tomatensauce verwenden, etwa 100 ml. Auf der vorgebackenen Pizza eine in feine Scheiben geschnittene Knoblauchzehe, etwa 1 TL getrockneten Oregano und etwa 2 EL Olivenöl extra vergine verteilen. Nach dem Backen mit Basilikum garnieren und den Rand mit Olivenöl bestreichen.
Pizza funghi – Pizza mit Pilzen: Einige Basilikumblätter, 1 EL geriebenen Parmesan, zwei bis drei in Scheiben geschnittene

Champignons und 100 g in Stäbchen geschnittenen Fior-di-latte-Mozzarella auf der Pizza verteilen. Nach dem Backen mit Basilikum garnieren, den Rand mit Olivenöl bestreichen.

Pizza cosacca – Pizza mit Pecorino: Beim Vorbacken etwas mehr Tomatensauce (100 ml) verwenden. Auf der vorgebackenen Pizza einige Basilikumblätter und etwa 2 EL Olivenöl verteilen. Nach dem Backen mit 2 EL geriebenem Pecorino bestreuen und mit 1 EL Olivenöl beträufeln.

Pizza capricciosa – Pizza mit Artischocken, getrockneten Tomaten und Oliven: 2 EL geriebenen Parmesan, einige Basilikumblätter, 100 g in Stäbchen geschnittenen Fior-di-latte-Mozzarella, zwei bis drei in Streifen geschnittene, getrocknete, in Öl eingelegte Tomaten aus dem Glas, fünf bis sechs Artischockenherzen aus dem Glas, zehn bis zwölf entsteinte grüne Oliven und 1–2 EL Olivenöl extra vergine auf der vorgebackenen Pizza verteilen. Nach dem Backen mit Basilikum garnieren und den Rand mit Olivenöl bestreichen.

Pizza provola e pepe – Pizza mit Provolone und Pfeffer: Einige Basilikumblätter, 100 g klein geschnittenen Provolone und 1–2 EL Olivenöl auf der vorgebackenen Pizza verteilen. Nach dem Backen reichlich schwarzen Pfeffer darübermahlen, mit Basilikum garnieren und den Rand mit Olivenöl bestreichen.

TIPP Die Pizza wird erst vorgebacken, denn so verbrennt der Mozzarella nicht. Falls du keinen Pizzastein oder -stahl hast, verwende ein umgedrehtes Backblech.

Pizza verdure grigliate – Pizza mit gegrilltem Gemüse: Vorbereitung: fünf bis sechs dünne Scheiben Aubergine oder acht bis zehn dünne Scheiben Zucchini (oder gemischt) und einige Streifen rote Paprika mit etwas Öl bestreichen und in der Grillpfanne von beiden Seiten grillen. Auf der Pizza 2 EL geriebenen Parmesan, einige Basilikumblätter, das Grillgemüse und 100 g in Stäbchen geschnittenen Fior-di-latte-Mozzarella verteilen. Nach dem Backen mit Basilikum garnieren und den Rand mit Olivenöl bestreichen.

Pizza pomodorini e cipolle rosse – Pizza mit Kirschtomaten und roten Balsamico-Zwiebeln: Vorbereitung: eine in dünne Ringe geschnittene rote Zwiebel in 1 EL Sonnenblumenöl kurz anbraten, mit 2 EL weißem Balsamico-Essig ablöschen, 4–5 EL Wasser hinzugeben, 1 TL Zucker darüberstreuen und weich dünsten. Beiseitestellen. Auf der vorgebackenen Pizza 2 EL Olivenöl, 2 EL geriebenen Pecorino, 80 g klein gewürfelten Provolone und 50 g halbierte Kirschtomaten verteilen. Nach dem Backen die Zwiebelringe darüber verteilen und mit Basilikum garnieren.

Pizza Margherita (Rezept siehe Seiten 124–125)

GLÄSER STERILISIEREN Die Gläser selbst sind unbegrenzt verwendbar. Die Deckel sollten allerdings jedes Mal neu gekauft werden. Sowohl die Deckel als auch die Gläser müssen mindestens 10 Minuten in einem mit Wasser gefüllten Topf kochen. Abtropfen lassen, mit Küchenpapier gut trocknen, dann Gläser und Deckel einige Minuten in den auf 100 °C Ober-/Unterhitze aufgeheizten Backofen geben.

SUGO AL POMODORO

TOMATENSAUCE

ZUBEREITUNGSZEIT
30 Minuten plus 1 Stunde
25–35 Minuten Garzeit

ERGIBT 5 GLÄSER À 400 ML
3 kg Tomaten (reife San-Marzano- oder andere reife Flaschen- oder Datteltomaten)
2 Prisen Natron (nach Belieben)
1 Zwiebel
2 Knoblauchzehen
30 g Basilikum
4–5 EL Olivenöl extra vergine
10 g Zucker plus nach Bedarf etwas mehr (nach Belieben)
feines Salz

Außerdem

flotte Lotte (alternativ Metallsieb)
5 sterilisierte Twist-off-Gläser (à 400 ml) mit Deckel (siehe unten)

vegan, laktosefrei, glutenfrei

ZUBEREITUNG **Tomaten** waschen, in eine Schüssel geben, mit reichlich kaltem Wasser bedecken und einige Minuten stehen lassen. In Süditalien gibt man gern noch etwas **Natron** ins Wasser, um die Tomaten noch gründlicher zu reinigen. Das Wasser abgießen (falls Natron verwendet wurde, die Früchte erneut abbrausen) und die Tomaten grob in Stücke schneiden, dabei die Stielansätze entfernen. • **Zwiebel** schälen und in dünne Scheiben schneiden. **Knoblauchzehen** schälen. **Basilikum** waschen und trocken schütteln. • 3–4 EL **Olivenöl** in einem großen Topf erhitzen, erst die Zwiebeln, dann die Tomaten hineingeben. Nach Belieben **Zucker** einrühren, mit **Salz** würzen und Knoblauch sowie die Hälfte der Basilikumstängel hinzufügen. Aufkochen und bei mittlerer Hitze 30–40 Minuten köcheln lassen. Die Garzeit variiert je nach der Wassermenge, die die Tomaten abgeben: je wässriger, desto länger die Garzeit. • Knoblauch und Basilikum entfernen, die Tomaten mit der flotten Lotte je nach Vorliebe feiner oder gröber pürieren. (Alternativ durch ein Metallsieb streichen.) • Die Passata wieder in den Topf geben, 15 Minuten garen und abschmecken. Sind die Tomaten zu sauer, noch etwas **Zucker** einrühren. Den Herd ausschalten, restliche Basilikumblätter abzupfen, hineingeben und übriges **Olivenöl** untermischen. • Die heiße Sauce in die sterilisierten Gläser füllen; zum Rand sollte nur noch sehr wenig Platz sein. Die Glasränder von eventuellen Saucenresten säubern, die Deckel auflegen und fest zuschrauben. • Die Gläser in einen ausreichend großen Topf stellen, alte Küchentücher zwischen die Gläser legen, damit diese beim Auskochen nicht gegeneinanderschlagen, mit heißem Wasser bedecken und zum Kochen bringen. Die Hitze reduzieren und 40 Minuten köcheln lassen. Den Herd ausschalten und die Gläser im Wasser auskühlen lassen (am besten über Nacht). • Auf diese Weise ist die Tomatensauce bis zu 2 Jahre haltbar.

TIPPS Das Wichtigste für ein gutes eingemachtes Sugo ist der Reifegrad der verwendeten Tomaten. Im Idealfall sollte man sie erst nach 3 Tagen verarbeiten, wenn die Stiele schon recht trocken sind und abfallen. Das ist der richtige Zeitpunkt, die Sauce zuzubereiten, weil die Tomaten dann das überschüssige Wasser verloren haben. Zum Pürieren der Tomaten keinen Stabmixer oder Standmixer verwenden, weil die Sauce bitter wird, wenn die Tomatenkerne püriert werden.

PIZZA FRITTA CILENTANA

PIZZA FRITTA NACH CILENTO-ART

ZUBEREITUNGSZEIT
10 Minuten (ohne Teig und Sauce) plus ca. 25 Minuten Frittierzeit

FÜR 6 PIZZEN
400 ml Tomatensauce (siehe Seite 129)
200 g Feta (45 % Fett)
einige Basilikumblätter
1 l Pflanzenöl
Semola rimacinata (Hartweizenmehl; alternativ fein gemahlener Hartweizengrieß) zum Bestäuben
3 Pizzateigkugeln (à ca. 275 g), falls gekühlt, 2–3 Stunden vorher aus dem Kühlschrank genommen

frei von raffiniertem Zucker

ZUBEREITUNG Die **Tomatensauce** in einen Topf geben und langsam erhitzen. Den **Feta** in eine Schüssel reiben. Das **Basilikum** abbrausen und trocken tupfen. • Das **Pflanzenöl** in eine hochwandige Pfanne geben und auf 170 °C erhitzen. • **Semola** auf die Arbeitsfläche streuen. Die **Teigkugeln** halbieren, ein Teigstück im Semola wenden und mit den Fingern vorsichtig zu einem 10–12 cm großen flachen Kreis drücken. In das heiße Öl geben und von beiden Seiten jeweils etwa 2 Minuten goldbraun frittieren, dabei bläht sich der Teigkreis auf. Immer wieder mit dem heißen Öl begießen, damit die Pizza gleichmäßig frittiert. Herausheben und auf Küchenpapier abtropfen lassen. Auf die gleiche Weise fünf weitere Pizzen frittieren. • Die Pizzen auf Teller geben, mit warmer Sauce beträufeln, mit Feta bestreuen und mit Basilikum garnieren. Heiß genießen.

TIPP Die Pizza fritta wird einzeln ausgebacken, sonst würde die Öltemperatur zu schnell sinken und das Frittierergebnis nicht optimal werden.

‹‹ Paolo de Simone und Barbara Guerra von „50 Top Pizza"
︾ Paolo de Simone in seinem „Storie di Pane"

UOVO IN PURGATORIO ALLA NAPOLETANA

EIER IM FEGEFEUER AUF NEAPOLITANISCHE ART

ZUBEREITUNGSZEIT
8–10 Minuten plus
16–18 Minuten Garzeit

FÜR 2 PERSONEN
1 Knoblauchzehe
3 EL Olivenöl extra vergine
500 ml Tomatensauce
(siehe Seite 129; siehe Tipp)
4 Eier (Größe M)
Salz
2–3 Stängel glatte Petersilie
(oder Basilikum)
20 g Parmesan
schwarzer Pfeffer aus der Mühle
frisches Weißbrot (z. B. Baguette)

laktosefrei

ZUBEREITUNG Die **Knoblauchzehe** schälen. Das **Olivenöl** in einer Pfanne erhitzen, die ganze Knoblauchzehe darin goldbraun anbraten, dann entfernen. • Die **Tomatensauce** in die Pfanne zum aromatisierten Öl geben und etwa 10 Minuten offen köcheln lassen. • Dann mit einem Löffel vier Mulden in die Sauce drücken, jeweils ein **Ei** vorsichtig hineingeben und **salzen.** Den Deckel aufsetzen und 6–8 Minuten garen, bis das Eiweiß fest, aber das Eigelb noch weich ist. • Inzwischen die **Petersilie** abbrausen, trocken schütteln und hacken. Den **Parmesan** fein reiben. • Eier und Sauce mit **Salz** und **Pfeffer** würzen und die Petersilie darüberstreuen. Sofort aus der Pfanne servieren und mit dem Parmesan bestreuen. • Dazu frisches **Weißbrot** als Scarpetta („Schlappen") für das obligatorische Ausreiben des Tellers reichen.

TIPPS Kochend heiß und tomatenrot – eben wie das Fegefeuer. Frische Tomaten haben einen anderen Geschmack und sollten für dieses Rezept nicht verwendet werden. Wenn du keine Tomatensauce da hast, kannst du 500 g San-Marzano-Tomaten aus der Dose nehmen: Die Dosentomaten mit der Hand zerdrücken, statt der fertigen Tomatensauce in die Pfanne zum aromatisierten Olivenöl geben, mit Salz würzen, vier bis fünf Basilikumblätter hinzufügen und etwa 15 Minuten köcheln lassen. Dann wie oben angegeben fortfahren.

FIOR DI CAROTE E ZUCCHINE

GEMÜSETARTE MIT KAROTTEN UND ZUCCHINI

ZUBEREITUNGSZEIT
ca. 35 Minuten plus
30 Minuten Ruhezeit und
ca. 30 Minuten Backzeit

FÜR 6 PERSONEN

Für den Teig

300 g Weizenmehl tipo 00 plus etwas zum Bestäuben
150 g kalte Butter plus etwas zum Einfetten
1 Ei (Größe M)
1 Prise Salz

Für die Füllung

2–3 Zucchini
3 Karotten
2 EL Olivenöl extra vergine
Salz
schwarzer Pfeffer aus der Mühle
150 g Hartkäse (z. B. Parmesan oder Pecorino)

Außerdem

Springform (Ø 26–28 cm)

frei von raffiniertem Zucker

ZUBEREITUNG Für den Teig das **Mehl** in eine Schüssel geben, die kalte **Butter** in kleinen Stücken hinzufügen und mit den Fingern zu einer krümeligen Masse vermengen. **Ei** und **Salz** dazugeben und alles rasch zu einem Teig verkneten. Zu einer Kugel formen, in Frischhaltefolie einwickeln und 30 Minuten in den Kühlschrank legen. • In der Zwischenzeit **Zucchini** und **Karotten** schälen und in feine Scheiben schneiden. Das **Olivenöl** in einer Pfanne erhitzen und das Gemüse darin etwa 5 Minuten anbraten. Mit wenig **Salz** und **Pfeffer** abschmecken und vom Herd nehmen. Den **Käse** fein reiben. • Den Backofen auf 200 °C Ober-/Unterhitze vorheizen. Die Backform mit etwas **Butter** einfetten. • Den Teig aus dem Kühlschrank nehmen und auf der **bemehlten** Arbeitsfläche zu einem 3–4 mm dicken und 32–34 cm großen Kreis ausrollen. Die vorbereitete Backform mit dem Teig auskleiden, dabei einen Rand formen, diesen aber nicht andrücken. • Den geriebenen Käse auf dem Teigboden verteilen, Zucchini- und Karottenscheiben abwechselnd rosettenförmig darauflegen. Den Rand des Teigs ein klein wenig über das Gemüse klappen und leicht andrücken, sodass ein schmaler Rand über der Füllung entsteht und es wie eine Blume mit Blütenboden aussieht. • In den vorgeheizten Ofen geben und etwa 30 Minuten goldbraun backen. • Den Gemüsekuchen aus dem Ofen nehmen und vor dem Servieren leicht abkühlen lassen.

TIPP Die Gemüsetarte kann warm oder kalt serviert werden und eignet sich auch als Beilage für 8 Personen.

REGIONALE ITALIENISCHE

GEMÜSEVIELFALT

„Verdure a chilometri zero" (Null-Kilometer-Gemüse): So nennt der Italiener Gemüse aus regionalem Anbau. Italien ist das europäische Land, das über die größte Anzahl von regional geschützten Produkten in der Landwirtschaft verfügt.

Natürlich kann jeder Tomaten, Auberginen und Saubohnen anbauen, wo er will. Jeder Gärtner weiß jedoch, dass einige Sorten in seinem Garten besser und andere Sorten schlechter gedeihen werden. Auch mit der besten Pflege und der größtmöglichen Hingabe würden Artischocken aus dem Trentino und Kohl aus Apulien niemals die Qualität erreichen, die man aus ihren Herkunftsregionen gewohnt ist. Jedes Gebiet, jede Zone, jede Provinz eignet sich besser für das Wachstum bestimmter Pflanzen als andere. Pachino-Tomaten aus der Po-Ebene werden sich nicht mit dem sizilianischen Original vergleichen lassen. Dafür fehlt es im Norden schlichtweg an Sonne und Hitze. Das wiederum hat Auswirkungen auf Reifezeit und Optik. Und am wichtigsten: Geschmack und Aroma. Andersherum muss der Wirsing, der für Cassoeûla verwendet wird, einer gewissen Kälteperiode ausgesetzt sein, wenn nicht sogar Frost durchlaufen, um den gewünschten Geschmack und die richtige Konsistenz zu erhalten. Das jedoch wäre in den südlichen Regionen Italiens natürlich fast unmöglich.

In vielen Fällen ist es schwierig zu verstehen, warum ein Gemüse auf einem eng begrenzten Gebiet besonders gut gedeiht oder einen unverwechselbaren Geschmack erhält. In der Regel ist eine Kombination von mehreren Faktoren notwendig, um optimale Ergebnisse zu erzielen. Denn manchmal muss man nur die Seite des Hügels wechseln, um ein ganz besonderes Gemüse zu finden. Die Hangneigung beeinflusst die Belichtung der Setzlinge, die Qualität des Substrats verändert die Zusammensetzung der Nährstoffe für die junge Pflanze, auch Windverhältnisse, Bewässerung und Anzahl der Sonnenstunden können einen großen Unterschied machen.

Viele der regionalen Sorten sind in den Katalogen der wichtigsten Saatgutfirmen zu finden,

aber es gibt auch einen Trend zur Wiederentdeckung einiger alter Sorten, die oft sehr interessante organoleptische Eigenschaften aufweisen – sei es ein intensiverer Geschmack, ein höherer Vitamingehalt, eine längere Haltbarkeit oder eine größere Widerstandsfähigkeit gegen Krankheiten. Oft sind diese Sorten aber auch weniger ertragreich oder schwieriger zu transportieren und deshalb für die großen Erzeuger aus wirtschaftlichen Gründen uninteressant. In solchen Fällen ist die Verfügbarkeit viel begrenzter: Im Internet, auf einigen spezialisierten Websites oder in Foren finden sich Enthusiasten, die diese speziellen Sorten anbieten, suchen und tauschen. Samen oder Setzlinge werden oft auf Festivals verkauft, die organisiert werden, um das beliebteste Gemüse in der Region zu küren.

Einige dieser alten Sorten haben heute einen internationalen Ruf. Andere behalten ihren viel engeren Geltungsbereich in einem fast ausschließlich lokalen Kreis. Kaum jemand weiß zum Beispiel von der Existenz des rosa Spargels von Mezzago oder des Lauchs von Cervere.

Natürlich gibt es in allen Regionen hervorragendes Gemüse – eine Vielfalt, die es zu entdecken gilt. Einige besondere Sorten möchte ich dir gern hier vorstellen:

Cardy aus dem Piemont Sie gehört zu den Korbblütlern und ist sehr eng mit der gewöhnlichen Artischocke verwandt. Während von der Artischocke die knospigen Blütenstände verspeist werden, werden von der Cardy die verdickten Blattstiele verwendet. Sie schmeckt leicht bitter, artischockenähnlich und mit zarten Nussaromen. Das frostempfindliche einjährige Gemüse eignet sich für sonnige Böden, die reich an organischer Substanz sind. Es wird vor allem in der Gegend von Nizza Monferrato und Saluzzo angebaut. Einige Wochen vor der Ernte kann man die Stiele abdecken, um den Anteil enthaltener Bitterstoffe zu reduzieren. Hierfür wird die Pflanze aufgebunden und mit einer schwarzen Folie oder einem Karton umwickelt.

Empfehlenswert
Buckeldistel von Nizza Monferrato

Radicchio aus Venetien Radicchio ist eine Chicorée-Variante, ebenfalls aus der Familie der Korbblütler. Er kann das ganze Jahr über angebaut werden, auch in den Wintermonaten, da er Temperaturen weit unter dem Gefrierpunkt standhält. Im Winter kann der typisch bittere Geschmack intensiver sein. Nur Frühherbstfröste, die unmittelbar nach der Pflanzung auftreten, können schädlich sein, da sie die Pflanze auf Kosten der Blattproduktion zur Blüte bringen könnten.

Radicchio rosso di Treviso und Radicchio variegato di Castelfranco gelten als Spezialität aus Venetien und werden gegrillt oder im Risotto verwendet.

Empfehlenswert

Roter Radicchio aus Treviso (IGP)
Bunter Radicchio aus Castelfranco (IGP)
Radicchio aus Verona (IGP)
Radicchio aus Chioggia (IGP)
Weißer Radicchio aus Bassano

Basilikum aus Ligurien Basilikum gehört zur Familie der Lamiaceae, der Lippenblütler. Die klimatischen Bedingungen und die Zusammensetzung der Böden Liguriens bieten dieser aromatischen Pflanze die besten Bedingungen zum Gedeihen und um ihren charakteristischen intensiven Geschmack zu entwickeln. Die geschützte Bezeichnung für genuesisches Basilikum wurde nur für die Region Ligurien vergeben. Kulinarisch können wir uns im Pesto alla genovese daran erfreuen. Auch die Bezeichnung „Pesto genovese“ ist für das Originalrezept geschützt, in dem nur sieben Zutaten verwendet werden dürfen: (genuesisches) Basilikum, Olivenöl extra vergine, Pinienkerne, Parmesankäse, Pecorino Romano, Knoblauch, Salz. Pesto alla genovese heißt Pesto nach Genueser Art und wird auch mit anderen Zutaten hergestellt, wie Cashewkerne oder Sonnenblumenöl.

Empfehlenswert

Genuesisches Basilikum (DOP)

Schalotten aus der Emilia-Romagna Die Schalotte der Romagna ist eine Zwiebelpflanze aus der Familie der Liliengewächse. Diese ursprünglich in Zentralasien beheimatete Art trägt ihren Namen nach der alten Hafenstadt Aschkelon im heutigen Israel. Von dort aus verbreitete sie sich in der Antike im gesamten Mittelmeerraum. Sie ist eine sehr robuste Pflanze, einfach zu züchten und anspruchslos in der Pflege. Sie wird in den Wintermonaten gepflanzt und im Juni geerntet, verfügt dabei über eine ausgezeichnete Haltbarkeit. Die Schalotten aus der Romagna haben eine längliche, ovale Form und einen delikaten Geschmack, der zwischen Knoblauch und Zwiebel liegt.

Empfehlenswert

Schalotten aus der Romagna (IGP)

Gekräuselter Schwarzkohl aus der Toskana Der toskanische Schwarzkohl ist eine Kohlsorte mit sehr großen dunkelgrünen Blättern und helleren Adern. Er wird von Oktober bis März produziert und vor allem für die typisch toskanische Ribollita verwendet. Einstmals ein Arme-Leute-Gericht aus der bäuerlichen Küche, ist die Ribollita heute zu einer echten Raffinesse in den Restaurants der Region geworden. Aber auch in anderen Suppen, Eintöpfen, Salaten oder Pasta macht der Schwarzkohl aus der Toskana eine gute Figur.

Empfehlenswert

Schwarzkohl aus der Toskana (Provinzen Arezzo und Florenz)

Schwarzkohl aus Lucca

Hülsenfrüchte aus Umbrien und den Marken Linsen, Bohnen, Erbsen, Kuherbsen, aber auch Roveja, die kleine bräunliche Wilderbse, finden in Umbrien und den Marken ideale Böden und klimatische Eigenschaften zum Gedeihen. Wie die meisten Pflanzen aus der Familie der Fabaceae verbessern sie die Stickstoffversorgung des Bodens und eignen sich daher hervorragend für Fruchtfolgen mit Kulturen, die eher dazu neigen, den Boden

auszulaugen. Berühmt sind auch die winzigen trasimenischen Bohnen, die bereits von den Etruskern angebaut worden sind.

Empfehlenswert

Linsen aus Castelluccio di Norcia
Cicerchia (Platterbse)
Roveja (Wilderbse)
Favebohne (dicke Bohne/Saubohne)
Bohnen aus der Gegend um den Trasimenischen See

Artischocken aus Latium und Sardinien Von der Artischocke wird der essbare Teil der Blütenknospe verwendet. Die regionalen Sorten unterscheiden sich in Wuchs und Verwendung. Während die sardische Variante der Pflanze ein äußerst stacheliger Geselle ist, fehlt dieser Schutz für die Blütenknospe bei der römischen Artischocke. Es gibt auch verschiedene Verwendungszwecke: Die sardische Artischocke wird eher roh verwendet, die Romanesco-Artischocke kann man dagegen auch gern erhitzen. Egal, ob frittiert alla Giudia oder geschmort alla Romana: Auf diese Weise sind einige köstliche Gerichte entstanden. Eine blühende Artischocke ist auch optisch ein Hochgenuss, nur leider dann nicht mehr in der Küche zu verwenden.

Empfehlenswert

Romanesco-Artischocke aus Latium (IGP)
Stachelige Artischocke aus Sardinien (DOP)

Tomaten aus Kampanien und Sizilien Die Tomate wird heute fast überall in Europa angebaut. Viele Früchte, die wir in unseren Supermärkten finden, stammen jedoch aus Gegenden, die der Tomatenpflanze eigentlich nicht die klimatischen Voraussetzungen bieten, um ihr vollmundiges Aroma zu entwickeln. Das Resultat ist häufig die Treibhaustomate – und der Ärger darüber, dass die Tomate nicht nach Tomate schmeckt.

Im Süden Italiens dagegen werden Tomaten seit Jahrhunderten angebaut. Die klimatischen Bedingungen sind hervorragend, was man schmeckt. Dabei kommt es gar nicht

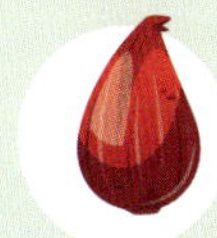

unbedingt darauf an, dass es sich um alte Sorten handelt. Einige Varianten der berühmten Pachino-Tomate sind sogar ausgesprochen jung und werden erst seit den 1990er-Jahren in der Region kultiviert. Hier, wo zuvor andere Tomatensorten angebaut wurden, fanden sie ideale Klima-, Boden- und Wasserbedingungen vor.

Empfehlenswert
San-Marzano-Tomate von Agro Sarnese-Nocerino (DOP)
Piennolo-del-Vesuvio-Tomate (DOP)
Sorrent-Tomate
Vesuv-Tomate
Pachino-Tomate (IGP)

Rübengrün aus Apulien Rübengrün ist eine typische italienische Spezialität. Statt der Rübe werden die knospenden Blütenstände und die zarten Blätter verwendet. Die Blüten erinnern an eine sehr leichte Variante des Brokkoli. Die apulischen Orecchiette con le cime di rapa sind wohl das bekannteste Rezept mit dem Gemüse.

Rübengrün wird aber auch in vielen anderen Rezepten verwendet – vom Pesto bis zur Beilage. Bemerkenswert ist der sehr geringe Kaloriengehalt.

Empfehlenswert
Apulische Rübenspitze (PAT)

Zwiebel von Tropea aus Kalabrien Die Zwiebel ist eine der am weitesten verbreiteten und am häufigsten verwendeten Gemüsesorten der Welt. Sie unterscheidet sich durch Form, Größe, Farbe und organoleptische Eigenschaften. Die rote Zwiebel von Tropea, das rote Gold Kalabriens, zeichnet sich durch die purpurrote Farbe, den süßen Geschmack und die feste Struktur aus. Die Verwendungsmöglichkeiten sind schier unbegrenzt: Roh, gebraten, gekocht, frittiert, gegrillt, eingelegt – alles ist möglich. Versuche unbedingt mal eine Marmelade aus dieser Sorte.

Empfehlenswert
Rote Zwiebel von Tropea (IGP)

TORTA RUSTICA

GEMÜSETARTE MIT AUBERGINE UND PAPRIKA

ZUBEREITUNGSZEIT
40 Minuten plus
30 Minuten Kühlzeit und
ca. 45 Minuten Backzeit

FÜR 6 PERSONEN

Für den Teig

250 g Weizenmehl tipo 00 plus etwas zum Bestäuben
125 g kalte Butter plus etwas zum Einfetten
1 Ei (Größe M)
1 Prise Salz

Für die Füllung

1 Zwiebel
1 Knoblauchzehe
1 Zucchini
1 kleine Aubergine
1 rote Paprika
1 gelbe Paprika
2–3 EL Olivenöl extra vergine
Salz
schwarzer Pfeffer aus der Mühle
100 g Parmesan
150 g Ricotta
3 Eier (Größe M)
100 ml Milch (3,5 % Fett)

Außerdem

Tarteform mit Hebeboden oder Springform (Ø 24–26 cm)

frei von raffiniertem Zucker

ZUBEREITUNG Für den Teig das **Mehl** in eine Schüssel geben, die kalte **Butter** in kleinen Stücken hinzufügen und mit den Fingern zu einer krümeligen Masse vermengen. **Ei** und **Salz** dazugeben und alles rasch zu einem Teig verkneten. Zu einer Kugel formen, in Frischhaltefolie einwickeln und 30 Minuten in den Kühlschrank legen. • In der Zwischenzeit für die Füllung **Zwiebel** und **Knoblauchzehe** schälen und fein hacken. **Zucchini** und **Aubergine** putzen, waschen und in etwa 5 mm kleine Würfel schneiden. Beide **Paprika** entkernen, waschen und ebenfalls etwa 5 mm klein würfeln. • Das **Olivenöl** in einer Pfanne erhitzen, Zwiebeln und Knoblauch darin glasig anschwitzen. Die Gemüsewürfel zugeben und etwa 10 Minuten braten, bis sie weich sind. Mit **Salz** und **Pfeffer** würzen, vom Herd nehmen und etwas abkühlen lassen. • Den Backofen auf 180 °C Ober-/Unterhitze vorheizen. Die Backform mit **Butter** einfetten. • Den Teig aus dem Kühlschrank nehmen und auf der **bemehlten** Arbeitsfläche zu einem 3–4 mm dünnen und 30–32 cm großen Kreis ausrollen. Die Backform mit dem Teig auskleiden, dabei einen Rand formen und andrücken. • Den **Parmesan** fein in eine Schüssel reiben. **Ricotta, Eier** und **Milch** vermischen und mit **Salz** und **Pfeffer** würzen. • Die Gemüsemischung aus der Pfanne gleichmäßig auf dem Teigboden verteilen und die Ricotta-Mischung darübergießen. In den vorgeheizten Ofen geben und etwa 45 Minuten goldbraun backen. • Die Gemüsetarte aus dem Ofen nehmen und vor dem Servieren leicht abkühlen lassen.

CROSTATA DI BIETOLE AL TALEGGIO

MANGOLD-TALEGGIO-TARTE

ZUBEREITUNGSZEIT
30 Minuten plus
30 Minuten Backzeit

FÜR 4–6 PERSONEN
600 g Mangold
2 Knoblauchzehen
6–7 EL Olivenöl extra vergine
Salz
schwarzer Pfeffer aus der Mühle
8 Blätter Filoteig
3 Eier (Größe M)
200 g Ricotta
1–2 Prisen frisch geriebene Muskatnuss
250 g Taleggio (oder anderer gut schmelzender Weichkäse)
2 EL Pinienkerne

Außerdem
runde Auflaufform (Ø 24–26 cm)

frei von raffiniertem Zucker

ZUBEREITUNG Den **Mangold** putzen, waschen und die grünen Blätter von den hellen Stielen trennen. Die Blätter in Streifen, die Stiele in etwa 1 cm große Würfel schneiden. Die **Knoblauchzehen** schälen und fein hacken. • 2 EL **Olivenöl** in einer Pfanne erhitzen, die Mangoldstiele darin bei mittlerer Hitze 4–5 Minuten anbraten. Knoblauch und Blätterstreifen ebenfalls dazugeben, kurz miterhitzen, mit **Salz** und **Pfeffer** würzen und beiseitestellen. • Den Backofen auf 200 °C Ober-/Unterhitze vorheizen. Die Auflaufform mit etwas **Olivenöl** ausstreichen. • Die **Filoteigblätter** von einer Seite mit dem restlichen **Olivenöl** bestreichen und mit der eingeölten Seite nach oben übereinander leicht versetzt so in die Auflaufform legen, dass Boden und Rand gleichmäßig bedeckt sind. • **Eier** und **Ricotta** in eine Schüssel geben, kräftig mit **Salz, Pfeffer** und **Muskat** würzen. **Taleggio** in Würfel schneiden, hinzufügen und vermengen. Dann den Mangold unterheben. Die Mischung in die Form füllen und glatt streichen. • In den vorgeheizten Ofen (mittlere Schiene) geben und 30 Minuten backen, bis die Tarte goldbraun und die Masse gestockt ist. Falls die Oberfläche zu dunkel wird, noch bevor die Masse stockt, mit Alufolie abdecken. • Inzwischen die **Pinienkerne** in einer kleinen Pfanne ohne Fett rösten. • Aus dem Ofen nehmen, die Pinienkerne über die Tarte streuen und vor dem Anschneiden etwas abkühlen lassen.

TIPP Dazu passt ein Salat hervorragend.

TIELLA DI GAETA

KARTOFFEL-ZUCCHINI-AUFLAUF MIT TOMATEN

ZUBEREITUNGSZEIT
ca. 25 Minuten (ohne Brühe)
plus 50–60 Minuten Backzeit

FÜR 4 PERSONEN
2 Zwiebeln
3 Knoblauchzehen
3–4 EL Olivenöl extra vergine plus etwas zum Einfetten
500 g Kartoffeln
Salz
schwarzer Pfeffer aus der Mühle
500 g Zucchini
300 g reife Tomaten
200 g Parmesan
200 g Mozzarella
200 ml Gemüsebrühe (siehe Seite 96; alternativ Fertigprodukt)

glutenfrei, frei von raffiniertem Zucker

ZUBEREITUNG Den Backofen auf 200 °C Ober-/Unterhitze vorheizen. • Die **Zwiebeln** schälen und in dünne Ringe schneiden. Die **Knoblauchzehen** schälen und fein hacken. 1 EL **Olivenöl** in einer Pfanne erhitzen und die Zwiebeln darin 3–4 Minuten glasig anschwitzen. Den Knoblauch hinzufügen und kurz mitbraten. • Inzwischen die **Kartoffeln** schälen, in dünne Scheiben schneiden und in eine große Schüssel geben. Das restliche **Olivenöl** darübergießen, mit **Salz** und **Pfeffer** würzen und vermengen. • Die **Zucchini** putzen, waschen und ebenfalls in dünne Scheiben schneiden. Die **Tomaten** waschen und in Scheiben schneiden, dabei die Stielansätze entfernen. Den **Parmesan** fein reiben. Den **Mozzarella** in dünne Scheiben schneiden. • Eine Auflaufform mit etwas **Olivenöl** einfetten und eine Schicht Kartoffelscheiben auf dem Boden verteilen. Danach eine Schicht Zucchini- und Tomatenscheiben darauflegen. Die Hälfte der Zwiebel-Knoblauch-Mischung darübergeben und mit etwas Parmesan bestreuen. Den Vorgang wiederholen, bis alle Zutaten eingeschichtet sind. Zum Schluss den Mozzarella auf der obersten Schicht verteilen und die **Gemüsebrühe** darübergießen. • Die Auflaufform mit Aluminiumfolie abdecken, in den vorgeheizten Ofen geben und 50–60 Minuten backen. Nach 40 Minuten die Folie entfernen und zu Ende backen, bis der Käse goldbraun und knusprig ist. • Aus dem Ofen nehmen und vor dem Servieren einige Minuten ruhen lassen.

TIPPS Tiella di Gaeta kennt man oft als Tintenfischtorte aus der Stadt Gaeta, die an der Küste zwischen Rom und Neapel liegt. Aber hier ist mit Tiella die traditionelle Auflaufform aus Ton gemeint, die man natürlich durch modernes Kochgeschirr ersetzen kann. Der Auflauf kann heiß oder zimmerwarm serviert werden und eignet sich auch als Beilage für 8 Personen.

TORTA SALATA DI PATATE E GORGONZOLA

KARTOFFEL-GORGONZOLA-TARTE

ZUBEREITUNGSZEIT
25 Minuten plus ca. 10 Minuten Garzeit und 30 Minuten Backzeit

FÜR 4 PERSONEN
3 Kartoffeln (insgesamt 250–280 g)
1 Schalotte
3–4 EL Olivenöl extra vergine plus etwas zum Einfetten
1 Rolle Blätterteig (270 g, ca. 40 × 24 cm; aus dem Kühlregal)
Salz
schwarzer Pfeffer aus der Mühle
4–5 Stängel glatte Petersilie
150 g Gorgonzola dolce

Außerdem
Tarteform mit Hebeboden oder Springform (Ø 20–22 cm)

frei von raffiniertem Zucker

ZUBEREITUNG Die **Kartoffeln** schälen, in Stücke schneiden, in einen Topf geben, knapp mit Wasser bedecken und etwa 10 Minuten kochen; sie sollten nicht ganz gar sein. Abgießen. • Inzwischen die **Schalotte** schälen und fein würfeln. 2 EL **Olivenöl** in einer Pfanne erhitzen und die Kartoffeln mit den Schalotten darin bei mittlerer Hitze kurz anbraten. • Den Backofen auf 190 °C Ober-/Unterhitze vorheizen. Die Backform mit etwas **Olivenöl** einfetten. • Den **Blätterteig** auf der Arbeitsfläche ausbreiten, mit dem Nudelholz in der Breite leicht ausrollen und zu einem etwa 26 cm großen Kreis zuschneiden. In die vorbereitete Backform legen und den Rand andrücken. • Den Teigboden mit dem übrigen **Olivenöl** bestreichen, mit **Salz** bestreuen, die Kartoffeln hineingeben und mit etwas **Salz** und **Pfeffer** würzen. Die **Petersilie** abbrausen, trocken schütteln, hacken und darüberstreuen. Den **Gorgonzola** in kleine Stücke schneiden und in regelmäßigen Abständen zwischen die Kartoffeln geben. • Den Rest des Blätterteigs in 1–2 cm breite Streifen schneiden. Die kleinen Teigreste zwischen zwei Lagen Backpapier ausrollen und ebenfalls in Streifen schneiden. Die Teigstreifen dekorativ über die Kartoffelfüllung legen und am Rand andrücken. • In den vorgeheizten Ofen (unterste Stufe) geben und 15 Minuten backen. Dann den Ofenrost mit der Form im oberen Drittel des Ofens platzieren und weitere 15 Minuten backen, dabei darauf achten, dass die Oberfläche nicht zu dunkel backt. • Aus dem Backofen nehmen und vor dem Servieren kurz ruhen lassen.

TIPP Die Tarte kann sowohl heiß als auch kalt serviert werden. Dazu passt ein Salat, aber auch etwas Preiselbeerkonfitüre.

FRITTATA DI VERDURE

GEMÜSE-FRITTATA

ZUBEREITUNGSZEIT
20 Minuten plus
ca. 20 Minuten Garzeit

FÜR 4 PERSONEN
1 Zwiebel
1 Zucchini
1 rote Paprika
1 gelbe Paprika
100 g Kirschtomaten
3 EL Olivenöl extra vergine
6 Eier (Größe M)
100 ml Milch (3,5 % Fett)
100 g Parmesan
Salz
schwarzer Pfeffer aus der Mühle

glutenfrei, frei von raffiniertem Zucker

ZUBEREITUNG Die **Zwiebel** schälen und hacken. **Zucchini** putzen, waschen und in kleine Stücke schneiden. Die beiden **Paprika** entkernen, waschen und in kleine Stücke schneiden. Die **Kirschtomaten** waschen und halbieren. • 2 EL **Olivenöl** in einer Pfanne erhitzen, die Zwiebeln hineingeben und bei mittlerer Hitze kurz anschwitzen. Das Gemüse hinzufügen und 5–7 Minuten unter gelegentlichem Rühren anbraten, bis es leicht gebräunt ist. • In der Zwischenzeit die **Eier** in einer Schüssel mit der **Milch** verquirlen. Den **Parmesan** fein reiben, hinzufügen und mit **Salz** und **Pfeffer** würzen. Das gebratene Gemüse zur Eiermischung geben und gut vermengen. • Restliches **Olivenöl** in derselben Pfanne erhitzen, die Eier-Gemüse-Mischung hineingießen, gleichmäßig verteilen und bei mittlerer Hitze etwa 10 Minuten braten, bis die Unterseite leicht gebräunt ist. • Die Frittata vorsichtig wenden (zum Beispiel mit einem großen Teller oder einem flachen großen Deckel) und auf der anderen Seite weitere 10 Minuten braten, bis sie vollständig gestockt ist. • Die Gemüse-Frittata in Stücke schneiden und sofort servieren.

TIPP Wer möchte, kann die Frittata mit frischen Kräutern wie Basilikum oder Petersilie garnieren.

FRITTATA DI PATATE E CARCIOFI

KARTOFFEL-ARTISCHOCKEN-FRITTATA

ZUBEREITUNGSZEIT
ca. 20 Minuten plus
20–25 Minuten Garzeit

FÜR 4 PERSONEN
Saft von 1 Zitrone
4 Artischocken (à 140–160 g)
400 g festkochende Kartoffeln
2 EL Olivenöl extra vergine plus etwas zum Einfetten
1 Knoblauchzehe
Salz
30 g Grana Padano
6 Eier (Größe M)
schwarzer Pfeffer aus der Mühle
2–3 Zweige Thymian

glutenfrei, frei von raffiniertem Zucker

TIPP Statt Knoblauch kannst du auch eine fein gewürfelte Schalotte verwenden, die angebraten wird und in der Pfanne bleibt. In der Saison kannst du Artischocken geputzt und in Scheiben geschnitten roh einfrieren. So hast du schnell was zur Hand. Am besten aufgetaut verwenden.

ZUBEREITUNG Eine Schüssel halb mit Wasser füllen und den **Zitronensaft** hineingeben. • Bis auf 1–2 cm den Stiel von den **Artischocken** abschneiden. Die harten Außenblätter entfernen, bis nur noch die inneren zarten Blätter übrig bleiben. Mit einem scharfen Messer (oder einer Küchenschere) die Blattspitzen gerade abschneiden und das „Heu“ mit den inneren Stacheln entfernen. Die Artischockenböden längs halbieren, in 5 mm dicke Scheiben schneiden und sofort in das Zitronenwasser geben, damit sie sich nicht verfärben. • Die **Kartoffeln** schälen, längs halbieren und quer in dünne Scheiben schneiden. Das **Olivenöl** in einer großen Pfanne erhitzen. Die **Knoblauchzehe** schälen und im Öl rundum anrösten. • Inzwischen die Artischocken abgießen und abtropfen lassen. Den Knoblauch entfernen, die Artischocken mit den Kartoffeln zum aromatisierten Öl in die Pfanne geben, **salzen,** die Hitze erhöhen und 4–5 Minuten unter gelegentlichem Wenden anbraten. Die Hitze reduzieren, den Deckel auflegen und noch 10–12 Minuten garen. • Inzwischen den **Grana Padano** fein in eine Schüssel reiben. Die **Eier** hinzufügen, verquirlen und mit etwas **Salz** und **Pfeffer** würzen. Den **Thymian** waschen, trocken schütteln, die Blätter abzupfen und hinzufügen. • Die Mischung über den Pfanneninhalt gießen, den Deckel wieder aufsetzen und etwa 7 Minuten garen, dabei mit dem Spatel die Eiermasse ein wenig zusammenschieben, damit sie stockt. • Die Frittata mithilfe eines großen Tellers (oder eines großen flachen Deckels) wenden, in die Pfanne geben und von der anderen Seite 4–5 Minuten ohne Deckel garen. • Die Frittata auf einen großen Servierteller gleiten lassen und sofort servieren.

FRITTATA DI PASTA

PASTA-FRITTATA

ZUBEREITUNGSZEIT
15 Minuten plus 10 Minuten Garzeit und 15 Minuten Backzeit

FÜR 6 PERSONEN
Salz
500 g Pasta
(z. B. Spaghetti oder Penne)
1 Zwiebel
4–5 EL Olivenöl extra vergine
8 Eier (Größe M)
150 ml Milch (3,5 % Fett)
schwarzer Pfeffer aus der Mühle
200 g Parmesan

frei von raffiniertem Zucker

ZUBEREITUNG Reichlich Wasser in einem großen Topf zum Kochen bringen, **salzen** und die **Pasta** darin nach Packungsangaben al dente garen. Abgießen und beiseitestellen. • In der Zwischenzeit die **Zwiebel** schälen und hacken. 2 EL **Olivenöl** in einer ofenfesten Pfanne erhitzen und die Zwiebeln darin bei mittlerer Hitze 4–5 Minuten glasig dünsten. • **Eier** und **Milch** in einer großen Schüssel verquirlen und mit **Salz** und **Pfeffer** würzen. **Parmesan** fein reiben und einrühren. Die Pasta unterheben, dann die Zwiebeln aus der Pfanne dazugeben und gut vermischen. • Dieselbe Pfanne erneut erhitzen, die Pasta-Mischung hineingeben und bei mittlerer Hitze 10 Minuten garen, bis die Eiermischung leicht gestockt ist. • In der Zwischenzeit den Backofen auf 180 °C Ober-/Unterhitze vorheizen. • Die Frittata auf einen großen Teller (oder einen großen flachen Deckel) stürzen, restliches **Olivenöl** in die Pfanne geben, die Frittata wieder in die Pfanne gleiten lassen, in den vorgeheizten Ofen geben und noch 15 Minuten backen, bis die Oberfläche goldbraun ist. • Aus dem Ofen nehmen und die Frittata vor dem Anschneiden einige Minuten ruhen lassen.

TIPP Wenn du etwas Erfahrung hast, kannst du die Pasta-Frittata auch auf dem Herd zu Ende garen. Dann reichen etwa 10 Minuten. Dazu passen einige frische Kräuter.

Pop-Art-Osteria in Alba

⩡ Il Giardino Maranello

⩠ Paolo Sabatini
›› Mario Zenobi in seinem Garten in der Toskana

ROTOLO DI FRITTATA CON FORMAGGIO E PESTO DI RUCOLA

GEFÜLLTE OMELETT-ROLLE MIT KÄSE UND RUCOLA-PESTO

ZUBEREITUNGSZEIT
25 Minuten plus
ca. 15 Minuten Backzeit
und 60 Minuten Kühlzeit

FÜR 6–8 PERSONEN

Für das Omelett

8 Eier (Größe M)
feines Salz
schwarzer Pfeffer aus der Mühle
50 g Grana Padano
Olivenöl extra vergine

Für das Rucola-Pesto

25 g Rucola
15 g Grana Padano
1 Knoblauchzehe
15 g Pecorino Romano
1 EL Pinienkerne
4 EL Olivenöl extra vergine
feines Salz

Für die Füllung

230 g geräucherter Scamorza (oder Provolone bzw. milder Käse in Scheiben)
30 g Rucola

Außerdem

kleines Backblech oder Auflaufform (ca. 34 × 27 cm)

laktosefrei, glutenfrei, frei von raffiniertem Zucker

ZUBEREITUNG Den Backofen auf 180 °C Ober-/Unterhitze vorheizen. • Für das Omelett die **Eier** in einer Schüssel verquirlen, mit **Salz** und **Pfeffer** würzen und **Grana Padano** hineinreiben. Das Backblech mit Backpapier auslegen und mit etwas **Olivenöl** bestreichen, die Eiermischung hineinfüllen und im vorgeheizten Ofen (mittlere Schiene) etwa 15 Minuten goldgelb backen. Aus dem Ofen nehmen und abkühlen lassen. • Inzwischen für das Pesto den **Rucola** waschen und mit Küchenpapier trocken tupfen. Den **Grana Padano** fein reiben. Die **Knoblauchzehe** schälen. Den **Pecorino** fein reiben. • Rucola, Grana Padano, **Pinienkerne, Olivenöl** und etwas **Salz** im Standmixer oder mit dem Stabmixer pürieren. Knoblauchzehe und Pecorino dazugeben und erneut pürieren. Sollte das Pesto zu fest sein, noch 1–2 EL Wasser hineinmixen. • Für die Füllung den **Scamorza** in Scheiben schneiden. Den **Rucola** waschen und trocken schütteln. • Ein großes Stück Frischhaltefolie auf die Arbeitsfläche legen, das Omelett daraufstürzen und das Backpapier abziehen. Mit Scamorza und Rucola belegen, dann das Pesto daraufstreichen. Das Omelett von der kurzen Seite her mithilfe der Frischhaltefolie relativ fest aufrollen, gut einwickeln und im Kühlschrank 60 Minuten kalt stellen. • Herausnehmen, die Frischhaltefolie vorsichtig von der Rolle entfernen und das Omelett in Scheiben schneiden. Auf Tellern anrichten und servieren.

TIPP Die gefüllte Omelett-Rolle ist eine moderne Interpretation einer Frittata. Man kann sie im Kühlschrank in der Frischhaltefolie bis zu 2 Tage aufbewahren.

PARMIGIANA DI ZUCCA

KÜRBIS-PARMIGIANA

ZUBEREITUNGSZEIT
35 Minuten plus
ca. 30 Minuten Backzeit

FÜR 4 PERSONEN
1 kg Kürbis (z. B. Hokkaido- oder Butternut-Kürbis)
400–500 ml Olivenöl extra vergine plus etwas zum Einfetten
ca. 50 g Weizenmehl tipo 00
Salz
schwarzer Pfeffer aus der Mühle
300 g Provolone (alternativ geriebener Mozzarella)
50 g Parmesan
50 g glatte Petersilie

Außerdem
runde Auflaufform (Ø 24–26 cm; alternativ ca. 20 × 25 cm)

laktosefrei, frei von raffiniertem Zucker

ZUBEREITUNG Den Backofen auf 200 °C Ober-/Unterhitze vorheizen. • Den **Kürbis** halbieren, entkernen, schälen (wer möchte, lässt die Schale vom Hokkaido-Kürbis dran) und in etwa 1 cm dicke Scheiben schneiden. • So viel **Olivenöl** in eine beschichtete Pfanne füllen, dass es etwa 1 cm hoch steht, und erhitzen. Das **Mehl** auf einem flachen Teller verteilen und mit **Salz** und **Pfeffer** würzen. Die Kürbisscheiben darin wenden, das Mehl etwas abklopfen, portionsweise in die Pfanne geben und von beiden Seiten jeweils etwa 3 Minuten goldbraun anbraten. Aus der Pfanne nehmen und auf Küchenpapier abtropfen lassen. • Den **Provolone** in dünne Scheiben schneiden und längs halbieren (sie sollten nicht zu breit sein). Den **Parmesan** fein reiben. Die Auflaufform mit **Olivenöl** ausfetten, den Kürbis mit den Käsescheiben dazwischen kreisrund fächerartig einschichten, damit es schön aussieht. Zum Schluss mit Parmesan bestreuen und etwas **Pfeffer** darübermahlen. • In den vorgeheizten Ofen (mittlere Schiene) geben und etwa 30 Minuten backen. • Inzwischen die **Petersilie** abbrausen, trocken schütteln und hacken. • Die Auflaufform aus dem Ofen nehmen, die Petersilie darüberstreuen und heiß servieren.

TIPPS Gut macht es sich, wenn man ganz zum Schluss etwas Paniermehl über den Kürbis streut und dann in den Ofen gibt. Wer es noch cremiger mag, kann eine mit Muskatnuss verfeinerte Béchamelsauce (siehe Seite 50) vorbereiten und über den Kürbis geben. Noch würziger wird es mit etwas pikantem Gorgonzola. Die Parmigiana (ohne Béchamelsauce) ist im Kühlschrank 2 Tage haltbar.

DOLCI

SÜSSSPEISEN

Italien ohne Dolci ist genauso wenig denkbar wie Italien ohne Pizza und Pasta, Fiat und Ferrari.
Unzählige Süßspeisen bietet die italienische Küche, natürlich auch welche mit frischem Obst, feinen Cremes, frischen Zitrusfrüchten und zart schmelzendem Gelato. Für dieses Buch habe ich eine passende Auswahl an einfachen Kuchen, Obsttörtchen und jeder Menge Dolci gefunden, die auch in Pasticcerie oder italienischen Cafés zu finden ist.

CROSTATA DI CASTAGNE E CIOCCOLATO

MARONEN-SCHOKO-TARTE

ZUBEREITUNGSZEIT
45–50 Minuten plus
30 Minuten Ruhezeit und
ca. 40 Minuten Backzeit

ERGIBT 8 STÜCKE

Für die Füllung

500 g Maronen (siehe Tipp)
135 g Bitterschokolade (mind. 70 % Kakaoanteil)
160 ml Milch (3,5 % Fett)
40 g brauner Zucker
60 g Ricotta

Für den Teig

150 g brauner Zucker
90 g kalte Butter
1 Prise Salz
2 Eier (Größe M)
380 g Weizenmehl tipo 00 plus etwas zum Bestäuben

Zum Dekorieren

Puderzucker zum Bestäuben

Außerdem

Springform (Ø 20 cm)

ZUBEREITUNG Für die Füllung die Schale der **Maronen** mit der Spitze eines scharfen Messers tief einritzen. In einen Topf geben, mit reichlich Wasser bedecken, aufkochen und je nach Größe 20–30 Minuten weich kochen. Dann abgießen, etwas abkühlen lassen, noch warm schälen, grob hacken und beiseitestellen. • In der Zwischenzeit für den Teig den **Zucker** in die Rührschüssel der Küchenmaschine geben, die kalte **Butter** in Stücke schneiden und mit dem **Salz** hinzufügen. Mit dem Knethaken auf kleiner Stufe mischen und die **Eier** nacheinander dazugeben. Das **Mehl** in mehreren Portionen nach und nach hinzufügen und etwa 3 Minuten zu einem homogenen Teig verarbeiten. • Den Teig auf die Arbeitsfläche geben, mit **bemehlten** Händen den Teig kurz kneten, dann zu einer Kugel formen, mit Frischhaltefolie umwickeln und 30 Minuten im Kühlschrank ruhen lassen. • Die **Schokolade** hacken. **Milch** und **Zucker** in einen Topf geben und unter Rühren erwärmen. Die Maronen hinzufügen und einmal aufkochen. Vom Herd nehmen, die Schokolade hinzugeben und mit dem Schneebesen unter Rühren vollständig auflösen. Den **Ricotta** einrühren und 10 Minuten im Kühlschrank kalt stellen. • Den Backofen auf 180 °C Ober-/Unterhitze vorheizen. • Nun den Teig in zwei unterschiedlich große Portionen teilen (etwa 300 g und circa 430 g) und auf der leicht **mehlierten** Arbeitsfläche zu zwei 4–5 mm dicken Kreisen (Ø 20 cm und Ø 24 cm) ausrollen. • Den größeren Teigkreis vorsichtig in die Backform legen, den Rand leicht andrücken und begradigen. Die Maronencreme einfüllen, mit dem zweiten Teigkreis vollständig bedecken und am Rand andrücken. In den vorgeheizten Ofen (mittlere Schiene) geben und etwa 40 Minuten backen. • Herausnehmen und erkalten lassen. Aus der Form lösen, mit **Puderzucker** bestäuben und servieren.

TIPPS Die Maronen-Schoko-Tarte ist bis zu 3 Tage im Kühlschrank haltbar. Sie sollte allerdings nicht eingefroren werden, da die Füllung den Teig beim Auftauen zu sehr durchfeuchtet. Du kannst die Maronencreme noch aromatisieren, indem du ¼ TL Zimtpulver oder das Mark von ½ Vanilleschote einrührst. Wenn es schneller gehen soll, kannst du auch vorgegarte vakuumverpackte Maronen nehmen.

TORTA DI RISO

SÜSSER REISKUCHEN

ZUBEREITUNGSZEIT
50–55 Minuten plus 30 Minuten Garzeit, 2 Stunden Abkühlzeit und 60 Minuten Backzeit

ERGIBT 10 STÜCKE

Für den Teig

1 Biozitrone
1 Bioorange
120 g kalte Butter
120 g brauner Zucker
1 Prise Salz
1 Ei (Größe M)
150 g Weizenmehl tipo 00 plus etwas zum Bestäuben
150 g Reismehl

Für den Reis

670 ml Milch (3,5 % Fett)
1 Vanilleschote
80 g brauner Zucker
200 g Arborio-Reis (oder anderer Risotto-Reis)

Für die Creme

200 ml Milch (3,5 % Fett)
1 Vanilleschote
30 g brauner Zucker
2 Eigelb (Größe M)
1 Prise Salz
10 g Speisestärke

Zum Dekorieren

Puderzucker zum Bestäuben

Außerdem

Springform (Ø 20 cm)

ZUBEREITUNG Für den Teig **Zitrone** und **Orange** waschen, trocken tupfen und jeweils die Hälfte der Schalen fein abreiben (die Früchte für den Reis beiseitelegen). Die kalte **Butter** in die Rührschüssel der Küchenmaschine geben, Zitronen- und Orangenschale, **braunen Zucker** sowie **Salz** hinzufügen. Die Maschine auf kleiner Stufe starten, mit dem Knethaken 1 Minute mischen, dann das **Ei** einarbeiten. Beide **Mehle** dazugeben, die Geschwindigkeit etwas erhöhen und weiterkneten, bis ein homogener Teig entstanden ist. • Den Teig auf die leicht **bemehlte** Arbeitsfläche geben, zu einer Kugel formen, in Frischhaltefolie wickeln und 3 Stunden im Kühlschrank ruhen lassen. • Gleich im Anschluss für den Reis die **Milch** in einem Topf erhitzen. Die **Vanilleschote** längs einritzen, das Mark herauskratzen und in die Milch geben, die ausgekratzte Schote ebenfalls hineingeben. Von der Zitrone und der Orange (aus der Teigherstellung) die

TIPPS Der Reiskuchen ist bei Raumtemperatur abgedeckt etwa 3 Tage haltbar. Nach dem Backen und Abkühlen kann der Kuchen gut verpackt auch eingefroren werden. Du kannst die Füllung noch durch klein geschnittene Trockenfrüchte oder Rosinen verfeinern.

restlichen Schalen als breite Streifen dünn abschneiden und zur Milch geben. Zum Kochen bringen, **braunen Zucker** und **Reis** einrühren und 30 Minuten köcheln lassen, bis die Flüssigkeit absorbiert ist. Vanilleschote und Zitrusschalen entfernen, den Reis in eine Auflaufform geben, mit Frischhaltefolie abdecken und mindestens 2 Stunden abkühlen lassen. • Für die Creme die **Milch** in einem Topf erhitzen. Die **Vanilleschote** längs einritzen, das Mark herauskratzen und in die Milch geben, die ausgekratzte Schote ebenfalls hineingeben. **Zucker, Eigelb** und **Salz** in eine Schüssel geben und mit dem Schneebesen cremig rühren. Dann die **Speisestärke** einarbeiten. • Etwas von der heißen Milch zur Eigelbcreme gießen und gut verrühren. Dann die Mischung vorsichtig zur Milch in den Topf gießen und mit dem Schneebesen einrühren. Die Masse unter ständigem Rühren erhitzen und so lange einkochen, bis sie dick wie ein Pudding wird. Die Vanilleschote entfernen. Dann die Reismischung einrühren und beiseitestellen. • Den Backofen auf 180 °C Ober-/Unterhitze vorheizen. • Den Teig aus dem Kühlschrank nehmen und auf der leicht **bemehlten** Arbeitsfläche etwa 5 mm dick ausrollen. Die Backform als Schablone benutzen, einen Teigkreis ausschneiden und in die Form legen. Aus dem restlichen Teig Streifen für den Rand der Form ausschneiden, einlegen und andrücken. • Die Reiscreme in die Form füllen und die Oberfläche glatt streichen. Die Teigreste erneut 5 mm dick ausrollen, in Streifen schneiden, gitterförmig auf die Füllung legen und am Rand andrücken. In den vorgeheizten Ofen (mittlere Schiene) geben und 60 Minuten backen. • Herausnehmen, abkühlen lassen, dann den Reiskuchen aus der Form lösen und mit **Puderzucker** bestreuen.

Torta di riso (Rezept siehe Seiten 166–167)

Fontana di Trevi in Rom

‹‹ Paolo Sabatini in seinem Garten in der Toskana

Eine kleine Stärkung in einem
Café in Kalabrien

CESTINI DI FRUTTA

OBSTTÖRTCHEN

ZUBEREITUNGSZEIT
60 Minuten plus
60 Minuten Ruhezeit und
36–40 Minuten Backzeit

ERGIBT 22–24 STÜCK

Für den Teig

300 g Weizenmehl tipo 00 plus etwas zum Bestäuben
1 TL Backpulver
150 g kalte Butter plus etwas zum Einfetten
150 g Zucker
1 Prise Salz
abgeriebene Schale von ½ Biozitrone
2 Eier (Größe M)

Für die Creme

500 ml Milch (3,5 % Fett)
1 Vanilleschote
6 Eigelb (Größe M)
150 g Zucker
50 g Speisestärke

Zum Garnieren

gemischtes Obst nach Saison (z. B. verschiedene Beeren, Weintrauben, Pfirsiche, Birnen, Ananas, Bananen, Kiwis, Physalis, Granatapfelkerne)
22–24 kleine Minzeblätter
50 g Aprikosenkonfitüre

Außerdem

Ausstechring (Ø 8 cm)
12 Mini-Tarteletteförmchen mit Wellenrand (Ø ca. 7 cm)
Spritzbeutel mit Sterntülle

ZUBEREITUNG Für den Teig **Mehl** und **Backpulver** in die Rührschüssel der Küchenmaschine geben und mischen. Die kalte **Butter** in Würfel schneiden, hinzufügen und mit dem Knethaken auf mittlerer Stufe 3–4 Minuten kneten, bis die Mischung sandig ist. **Zucker** und **Salz** dazugeben und 1 Minute einarbeiten, dann die **Zitronenschale** hinzufügen. Nacheinander die **Eier** einarbeiten und 2–3 Minuten kneten, bis der Teig homogen ist. • Den Teig auf die leicht **bemehlte** Arbeitsfläche geben, kurz durchkneten, halbieren, zu Kugeln formen, in Frischhaltefolie wickeln und 60 Minuten im Kühlschrank ruhen lassen. • Den Backofen auf 180 °C Ober-/Unterhitze vorheizen. Die Backförmchen gut mit **Butter** einfetten. • Nach der Kühlzeit eine Teigkugel auf der leicht **bemehlten** Arbeitsfläche etwa 5 mm dick ausrollen und mit dem Ausstecher Kreise ausstechen, Teigreste

TIPPS Man sollte immer saisonale Früchte verwenden, damit sie den besten Geschmack haben. Die Törtchen werden mit dem Obst nur garniert, du brauchst also nur wenig davon. Der rohe Teig kann auch eingefroren werden. Falls du keine Minibackförmchen hast, kannst du auch größere Tartelette-förmchen (Ø etwa 10 cm) verwenden und mit den gleichen Zutaten elf bis zwölf Törtchen herstellen.

neu ausrollen und ausstechen – es sollen elf bis zwölf Kreise entstehen. In die vorbereiteten Förmchen einsetzen, andrücken und den Boden mit einer Gabel vorsichtig einstechen, damit er beim Backen nicht so stark hochgeht. • Auf ein Backblech setzen, in den vorgeheizten Ofen (mittlere Schiene) geben und 18–20 Minuten backen. • Herausnehmen und abkühlen lassen. Vorsichtig aus den Förmchen lösen und auf einem Kuchengitter auskühlen lassen. Auf die gleiche Weise mit der zweiten Teigkugel elf bis zwölf weitere Böden backen. • In der Zwischenzeit für die Creme die **Milch** in einem Topf erwärmen. Die **Vanilleschote** längs einritzen, das Mark herauskratzen, in die Milch geben, die ausgekratzte Schote ebenfalls hineingeben und erhitzen, aber nicht kochen. • **Eigelb** und **Zucker** in einer Schüssel mit dem Schneebesen verquirlen, dann die **Speisestärke** hinzugeben. Etwas von der warmen Milch zur Eigelbmasse geben, verrühren und dann die Mischung zur Milch in den Topf gießen. Die Creme vorsichtig erhitzen und unter ständigem Rühren eindicken lassen. Sobald die Creme so dick wie ein Pudding ist, vom Herd nehmen, die Oberfläche direkt mit Frischhaltefolie abdecken und auskühlen lassen. • Die **Früchte** vorbereiten, dabei je nach Sorte schälen, waschen, abtropfen lassen, entsteinen, entkernen, klein schneiden. Die **Minzeblätter** waschen und trocken tupfen. • Die erkaltete Creme in den Spritzbeutel mit Sterntülle füllen und dekorativ in die Miniteigböden spritzen. Dann mit den vorbereiteten Früchten garnieren. • Zum Schluss die **Aprikosenkonfitüre** mit 1 EL Wasser in einen kleinen Topf geben, unter Rühren erhitzen und die Früchte damit bepinseln. Die Obsttörtchen am besten frisch genießen.

Cestini di frutta

(Rezept siehe Seiten 172–173)

TORTA DI YOGURT E MASCARPONE CON AMARENE

JOGHURT-MASCARPONE-KUCHEN MIT SAUERKIRSCHEN

ZUBEREITUNGSZEIT
20 Minuten plus
50–55 Minuten Backzeit

ERGIBT 12 STÜCKE
Butter zum Einfetten
200 g Weizenmehl tipo 00 plus etwas zum Ausstäuben
1 Glas entsteinte Sauerkirschen (ca. 400 g Abtropfgewicht)
1 Biozitrone
150 g Zucker
5 zimmerwarme Eier (Größe M)
1 EL Blütenhonig
60 g Speisestärke
1 Pck. Backpulver
1 Prise Salz
150 g Mascarpone
125 g Joghurt Natur (3,5 % Fett)
100 ml Sonnenblumenöl

Außerdem

Springform (Ø 24 cm)

ZUBEREITUNG Den Backofen auf 180 °C Ober-/Unterhitze vorheizen. Die Springform mit **Butter** einfetten und mit **Mehl** ausstäuben. • Die **Sauerkirschen** in ein Sieb abgießen und abtropfen lassen. Die **Biozitrone** waschen, trocken tupfen, die Schale fein abreiben und beiseitestellen. Die Zitrone halbieren und eine Hälfte auspressen (restliche Hälfte anderweitig verwenden). • Zitronensaft, **Zucker, Eier** und **Honig** in die Rührschüssel der Küchenmaschine geben und bei mittlerer Geschwindigkeit mit dem Schneebesen verrühren. Die Zitronenschale hinzufügen und so lange rühren, bis eine schaumige Mischung entsteht. • Inzwischen **Mehl, Speisestärke, Backpulver** und **Salz** vermischen und in eine Schüssel sieben. Mehlmischung, **Mascarpone, Joghurt** und **Sonnenblumenöl** abwechselnd nach und nach zur Eiermasse geben und einarbeiten. • Die Maschine ausschalten und die abgetropften Kirschen unter den Teig heben. In die vorbereitete Backform füllen und im vorgeheizten Ofen (mittlere Schiene) 50–55 Minuten backen, bis der Kuchen goldbraun und schön aufgegangen ist. • Aus dem Ofen nehmen und vollständig auskühlen lassen. Erst dann anschneiden und genießen.

CROSTATA DI LIMONE

ZITRONENTARTE

ZUBEREITUNGSZEIT
25 Minuten plus
30 Minuten Ruhezeit und
30–35 Minuten Backzeit

ERGIBT 12 STÜCKE

Für den Teig

250 g Weizenmehl tipo 00 plus etwas zum Bestäuben
125 g kalte Butter plus etwas zum Einfetten
100 g Zucker
1 Ei (Größe M)
1 Prise Salz
fein abgeriebene Schale von 1 Biozitrone

Für die Zitronencreme

500 ml Milch (3,5 % Fett)
6 Eigelb (Größe M)
150 g Zucker
fein abgeriebene Schale von 1 Biozitrone
35 g Speisestärke
35 g Weizenmehl Type 405
2 EL Zitronensaft

Zum Dekorieren

Puderzucker zum Bestäuben

Außerdem

Tarteform mit Hebeboden oder Springform (Ø 24 cm)

ZUBEREITUNG Das **Mehl** in eine Schüssel geben, dann die kalte **Butter** in kleine Stücke schneiden und dazugeben. **Zucker, Ei, Salz** und **Zitronenschale** hinzufügen und zu einem glatten Teig verkneten. Den Teig zu einer Kugel formen, in Frischhaltefolie wickeln und 30 Minuten im Kühlschrank ruhen lassen. • In der Zwischenzeit den Backofen auf 180 °C Ober-/Unterhitze vorheizen. Die Backform mit **Butter** einfetten. • Den Teig auf der leicht **bemehlten** Arbeitsfläche zu einem etwa 30 cm großen Kreis ausrollen, in die vorbereitete Backform legen und den Rand andrücken. • Für die Zitronencreme die **Milch** in einem Topf erwärmen. **Eigelbe, Zucker** und **Zitronenschale** in einer Schüssel mit dem Schneebesen verquirlen, dann **Speisestärke** und **Mehl** einarbeiten. Etwas von der warmen Milch zur Eigelbmasse geben, verrühren und dann die Mischung zur Milch in den Topf gießen. Die Creme vorsichtig erhitzen und unter ständigem Rühren eindicken lassen. Sobald die Creme so dick wie ein Pudding ist, vom Herd nehmen, den **Zitronensaft** unterrühren, in die Form füllen und glatt streichen. In den vorgeheizten Backofen (mittlere Schiene) geben und 30–35 Minuten goldbraun backen. • Herausnehmen, abkühlen lassen, aus der Form lösen und die Zitronentarte mit **Puderzucker** bestäuben. Am besten frisch genießen.

TIPP Die Zitronentarte schmeckt besonders lecker, wenn sie mit frischen Beeren und/oder einer Kugel Vanilleeis serviert wird.

GELATO DI FRAGOLE E YOGURT

ERDBEER-JOGHURT-EIS

ZUBEREITUNGSZEIT
ca. 20 Minuten plus
ca. 4 Stunden Gefrierzeit

FÜR 6 PERSONEN

750 g Erdbeeren
1 Zitrone
500 g griechischer Joghurt (10 % Fett)
50 ml Ahornsirup
100 g Sahne
1 Prise Salz

glutenfrei, frei von raffiniertem Zucker

ZUBEREITUNG Einige schöne kleine **Erdbeeren** putzen, waschen, trocken tupfen und zum späteren Garnieren in den Kühlschrank legen. Die restlichen **Erdbeeren** putzen und waschen, dann etwa 200 g in kleine Würfel schneiden. Die restlichen Erdbeeren in einen hohen Mixbecher geben und mit dem Stabmixer fein pürieren. • Den Saft von der **Zitrone** auspressen und in eine Schüssel geben. **Joghurt** und **Ahornsirup** hinzufügen und alles glatt rühren. • Die **Sahne** mit dem **Salz** in ein hohes Rührgefäß geben und mit den Quirlen des Handrührgeräts steif schlagen. Die steif geschlagene Sahne unter die Joghurtmasse heben, dann das Erdbeerpüree und die Erdbeerwürfel unterziehen. • Die Masse in eine flache große Gefrierbox füllen und etwa 4 Stunden im Gefrierfach gefrieren lassen, dabei alle 45–60 Minuten gut durchrühren, damit die Eiskristalle aufgebrochen werden. (Alternativ eine Eismaschine verwenden.) • Das Erdbeer-Joghurt-Eis auf Schalen verteilen, mit den beiseitegelegten Erdbeeren garnieren und servieren.

SORBETTO AI FRUTTI DI BOSCO

BEERENSORBET

ZUBEREITUNGSZEIT
15 Minuten plus
3–4 Stunden Gefrierzeit

FÜR 6 PERSONEN
100 g Himbeeren
100 g Erdbeeren
100 g Heidelbeeren (alternativ Blaubeeren)
100 g frische oder TK-Walderdbeeren
35 ml Zitronensaft
100 g Zucker

vegan, laktosefrei, glutenfrei

ZUBEREITUNG Für das Sorbet bis auf die TK-Ware alle **Beeren** waschen, dabei die Erdbeeren entstielen, abtropfen lassen und in einen großen hohen Mixbecher geben. • Den **Zitronensaft** durch ein feines Sieb passieren und mit dem **Zucker** zu den Beeren geben. 400 ml kaltes Wasser hinzugießen und mit dem Stabmixer alles fein pürieren. • Die Mischung in eine flache große Gefrierbox füllen und 3–4 Stunden im Gefrierfach gefrieren lassen, dabei alle 30 Minuten gut durchrühren, damit die Eiskristalle aufgebrochen werden. (Alternativ eine Eismaschine verwenden.) • Das Sorbet auf Schalen verteilen und servieren.

TIPP Sehr schön ist es auch, das Sorbet in Weingläser zu geben und mit Prosecco aufzufüllen. Nach Belieben mit frischen Beeren garniert servieren.

‹‹ Cannoli-Gebäck mit Pistazien in Catania

ˇ Isola Bella

^ Die Kathedrale in Catania

›› Ein Gemüsehändler in Taormina

ZU GUTER LETZT

Der Einkaufs- und Ernährungsassistent für unsere Kochbücher

Abschreiben oder Abfotografieren war gestern Rezepte aus unseren Kochbüchern kannst du kostenlos auf www.mengenrechner.de an die Personenzahl und individuelle Portionsgrößen anpassen und als E-Mail auf dein Smartphone schicken lassen oder gleich dort aufrufen. Zutaten können gestrichen, neue Zutaten ergänzt werden.
Rezept- und Zutatenfilter Suche zum Beispiel nach veganen, vegetarischen, glutenfreien, laktosefreien Rezepten oder nach Gerichten mit Zutaten, die du noch vorrätig hast. Speichere deine Lieblingsrezepte und Einkaufslisten.
Persönlicher Ernährungsassistent Sortiere Rezepte nach Kalorien, Kohlenhydraten, Fett- oder Eiweißgehalt. Berechne wissenschaftlich deinen täglichen Kalorienbedarf und -verbrauch. Lege Maximalwerte für Kalorien- oder Kohlenhydrataufnahme fest. Führe Tagesprotokolle mit Nährwertbilanz.

ZUTATEN- UND REZEPTREGISTER

Du suchst ein ganz bestimmtes Gericht oder nach einer Zubereitungsidee für vorrätige Zutaten? Das Register hilft dir schnell weiter: Alle Rezepte aus diesem Buch und die wichtigsten Komponenten sind hier alphabetisch gelistet.

VERLAGSDANK

Lieber Domenico, deine Kochbücher sind Liebesbriefe an die italienische Küche. Mit deinem neuesten Werk hast du wieder mal alle Erwartungen übertroffen. Du hast damit ein Standardwerk der vegetarischen Küche Italiens geschaffen: original, unverfälscht, authentisch.

Was dieses Buch einzigartig macht, sind nicht nur die köstlichen Rezepte, sondern deine persönlichen Geschichten und deine Recherchen vor Ort, die uns wahrhaftiges italienisches Flair direkt in die eigene Küche bringen.

Lieben Dank an Hubertus Schüler. Deine Rezeptfotos fangen die authentische Schönheit der italienischen Küche auf eindrucksvolle Weise ein. Wir bedanken uns bei Christine Kluge für die ständige Unterstützung im Hintergrund. Şebnem Yavuz, ganz lieben Dank für das ausgiebige Rezeptlektorat, und vielen herzlichen Dank an Doreen Köstler für das Lektorat.

Der Verlag dankt allen Beteiligten, die durch ihre Mithilfe und Unterstützung zum Gelingen dieses Buches beigetragen haben. Für ihre unermüdlichen Bemühungen um die außerordentliche Qualität danken wir unseren Mitarbeiterinnen und Mitarbeitern Justyna Schwertner, Caroline Mohr, Markus Neis, Annika Steinacker, Katerina Stegemann und Lena Vaßen.

AUTORENDANK

Als mir sich 2020 die Chance bot, ein Buch über die authentische italienische Küche zu schreiben, konnte ich mein Glück gar nicht fassen. Endlich bekam ich eine echte Plattform, um die wahre Küche Italiens in die Welt zu bringen. Natürlich gab und gibt es bis heute sehr viele italienische Kochbücher. Doch noch immer kommen dabei die traditionellen Familienrezepte meist zu kurz.

Es ist mir immer eine große Ehre, wenn ich in Italien in den Medien als Botschafter der italienischen Küche bezeichnet werde. Umso schöner ist es allerdings, wenn italienische Nonnas meine Rezepte als wirklich authentisch absegnen.

Nicht zuletzt deshalb sind es vor allem die italienischen Hausfrauen, denen ich besonders danken möchte. Frauen, die schon immer als der Ursprung dieser besonderen Küche gelten. Menschen, die schon immer als der Mittelpunkt einer jeden Familie auf der ganzen Welt alles zusammenhalten und alles regeln.

Ich möchte auch aus diesem Grund zuallererst meiner Frau Alexandra danken. Du hast mein Leben mehr als bereichert und machst mich zu einem besseren Menschen. Danke für deine Geduld. Die Familie ist das Allerwichtigste! Nicht nur in Italien.

Ich danke meiner Mama, die immer ein offenes Ohr hat, mich bei allem unterstützt und immer für mich da ist. Meinen Söhnen Juanito, Guliano und Santino, die mich jeden Tag daran erinnern, wie schön das Leben ist und wofür es sich wirklich lohnt, oft unterwegs zu sein. Ich freue mich über jeden Tag, den wir zusammen verbringen.

Ich danke auch sehr Maria und Felice Ferrara, die mich wie einen Sohn in ihre Familie aufgenommen haben.

Danke an Francesca Liuzzo und Ettore Bonanno von Emira Digital für die tolle Arbeit.

Danke an den Becker Joest Volk Verlag für das Vertrauen, mit mir in nur einem Jahr drei Bücher zu realisieren. Eine großartige Leistung! Danke vor allem an Caro und Justyna für die tolle Zusammenarbeit und an Şebnem Yavuz für die Geduld bei der Korrektur.

Danke, Christine Kluge. Du bist immer an meiner Seite, wenn es um wichtige Entscheidungen geht. Und selbst wenn wir uns nur über Italien und das gute Essen unterhalten.

Danke an Hubertus Schüler und sein Team für wieder mal ganz tolle Foodbilder und selbstverständlich Danke an all die Menschen, die es mir ermöglichen, nunmehr das fünfte Buch auf den Markt zu bringen.

BISHER VON DOMENICO GENTILE

IN UNSEREM VERLAG ERSCHIENEN

Cucina della nonna

Traditionelle Familienrezepte aus meiner italienischen Heimat

Text: Domenico Gentile
Food-Fotografie: Hubertus Schüler
192 Seiten, 140 Fotos
Format 19 × 24 cm, Hardcover

28,00 EUR (D), 28,80 EUR (A)
ISBN 978-3-95453-290-2

Pizza napoletana

So gelingt das Original zu Hause

Text: Domenico Gentile, Vivi D'Angelo
Fotografie: Vivi D'Angelo
264 Seiten, 270 Fotos
Format 21 × 27 cm, Hardcover

36,00 EUR (D), 37,10 EUR (A)
ISBN 978-3-95453-278-0

IMPRESSUM

Originalausgabe
Becker Joest Volk Verlag GmbH & Co. KG
Bahnhofsallee 5, 40721 Hilden, Deutschland

1. Auflage Juli 2024

ISBN 978-3-95453-311-4

Ausführliche Infos
Seite 185

Autor Domenico Gentile
Food-Fotografie Hubertus Schüler
Foodstyling Stefan Mungenast
Projektleitung Valerie Mayer
Covergestaltung Justyna Schwertner
Buchgestaltung Caroline Mohr
Bildbearbeitung Markus Neis
Fachlektorat Rezepte Şebnem Yavuz
Lektorat Doreen Köstler
Druck Firmengruppe Appl, aprinta druck GmbH

BECKER JOEST VOLK VERLAG
www.bjvv.de

Bildcredits *iStock:* Cover, Seite 5, Seite 6, Seite 7, Seite 12, Seite 29 oben links, Seite 42, Seite 55, Seite 56, Seite 57, Seite 58, Seite 94, Seite 100, Seite 101, Seite 102, Seite 118, Seite 137, Seite 138, Seite 139, Seite 140, Seite 141, Seite 162, Seite 184 oben links – *Domenico Gentile:* Seite 4, Seite 8, Seite 9, Seite 10 Mitte und rechts, Seite 11, Seite 59, Seite 70, Seite 92, Seite 103, Seite 120, Seite 121, Seite 156, Seite 157, Seite 170, Seite 171 oben links, unten links und rechts – *Emira Digital:* Seite 10 links, Seite 28, Seite 29 oben rechts, unten links und rechts, Seite 171 oben rechts, Seite 184 oben rechts, unten links und rechts – *Vivi D'Angelo:* Seite 130